なぜあの人は初対面で信頼されるのか

What conditions make a person trustworthy?

元JAL国際線チーフパーサーだけが知っている、人の心をつかむ極意

山本洋子 著

日本能率協会マネジメントセンター

はじめに

「あなたを信頼している」

私が会社員時代、上司から言われた一言です。こう言われて喜ばない人はいないのではないでしょうか？

自分のことを信じてくれる人がいることは、喜ばしくも誇らしくもあり、特にビジネスシーンにおいては、仕事へのモチベーションと活力につながります。

はじめまして。株式会社ＣＣＩ代表取締役、研修講師の山本洋子と申します。

私は短大卒業後、日本航空に入社しました。幼い頃から憧れ続けた客室乗務員です。

当時は採用合否が電報で伝えられた時代です。

合格通知を手にした時の喜びは今でも鮮明に覚えています。

それから25年間、国際線客室乗務員として世界中を乗務し、さまざまなお客様に出会い、経験を重ねてまいりました。

ファーストクラスを担当するチーフパーサーとして、国内外のＶＩＰに直接サービスをし、天皇陛下や首相特別便にも選抜され、普通ではお会いできない方々に接する機会に恵まれました。

訓練部教官やＣＡ採用面接官などを務め、管理職に昇格後は部下の指導育成やマネジメントにも携ってまいりました。

まさに「人」にもまれながらの25年間です。

日本航空退職後は、まったく畑違いの保険業界に飛び込み、7年半保険営業に携わりました。

華やかに見える航空会社と地味でキツいイメージの保険会社は、異業種ではありますが、実は「人」に深く関わる点では共通しています。

「対人」中心の仕事に長く携わっていると、見えてくるものがあります。

それが、**「信頼」**です。

同じことを言っても、信頼される人とそうでない人がいます。

信頼されている人は多少間違ったことを言っても許され、信頼されていない人は正しいことを言っても疑われてしまう。

そのくらい大きな違いがあります。

信頼される人とされない人はどこが違うのでしょうか？

誠実である、嘘をつかない、有言実行……などいろいろなとらえ方がありますが、

私は**コミュニケーションスキルの違い**だと思っています。

例えば、初めて会う人に対する、言葉を交わす前のパッと見た瞬間の印象です。

多くの人は、言葉を交わす前に、

「いい感じの人だなぁ」

「この人、ちょっと苦手かも」

と瞬時に好きか嫌いかを判断しています。

相手のことをよく知る前に、好きか嫌いかがおおよそ決まってしまうのです。

これが第一印象です。

第一印象は言葉を交わす前に決定づけられます。

これは、非言語コミュニケーションと言われ、表情や仕草など、言葉を発する以上に相手にインパクトを与えるものです。

この最初の時点で相手に嫌いと判断されてしまうと、信頼されるようになるには時間がかかります。

これほど、もったいないことはありません。

性格もよい、頭もよい、仕事もできる、でも第一印象で損をしているビジネスパーソンは意外と多いものです。

ほんの少し身だしなみを整え、笑顔を見せるだけで、驚くほど印象は変わります。印象を変え、相手に好印象を与えるには、言葉以上に非言語コミュニケーションスキルを身につけることが重要です。

この本では、初対面で相手の心を開き、まずは相手の「好意」を引き出す方法をお伝えしています。

「信頼」は、「好意」から始まります。

そしてその始まりのベースには、コミュニケーションスキルが影響しています。

人から信頼されているのと、そうではないのとでは、人生の豊かさまでもが違ってくるものです。

「同じことをやっているのに、なぜあの人はみんなから信頼されているんだろう？」

「信頼」を得ることは容易なことではありませんが、これからお伝えすることが、信頼を得るための第一歩としてお役に立てれば、これほど嬉しいことはありません。

２０２４年11月

株式会社ＣＣＩ　代表取締役　山本洋子

第2章

細やかな観察力を身につける

第3章

徹底的に礼節をわきまえる

第4章

口よりもまずは耳を働かせる

第5章

「動」より「静」が信頼の決め手になる

第1章

第一印象を制する

失敗しても取り返しはつくが、取り返すのに時間がかかるのが第一印象

「なんて素敵な人なんでしょう」

「あの人、なんとなく嫌な感じ」

あなたは初対面で相手にどんな印象を与えていますか？

初対面で相手にどう思われるかで、その後の人間関係が大きく変わります。


第一印象は6秒で決まる！

ビジネスマナー研修などでよく言われていることです。

ほんの数秒間、まだ言葉も交わしていない段階で、好きか嫌いか、敵か味方かを相手に判断されてしまうのであれば、第一印象はよいに越したことはありません。

ビジネスシーンにおいては、第一印象の良し悪しがその後のビジネスの成否に直結しかねない重要なファクターになります。

「気合を入れて商談に臨んだのに、相手の反応が今一つだったなあ」とか、「名刺交換をしてもその後の進展がまったくないなあ」など、うまくいかないのには第一印象が影響しているかもしれません。

誰も相手に悪い印象を与えようとは思っていないのですが、自分でも気がつかないうちに、「なんとなく」嫌な感じを相手に与えている場合があります。

それは、外見の雰囲気、つまり身だしなみや表情、仕草など、自分では意識していないちょっとしたことが影響しているのです。

それが相手には想像以上に大きなインパクトを与えることがあります。他人の印象は、気にならない人は気にならないのですが、気になる人は気になるものです。

例えば、何日も着回したようなヨレヨレで黒ずんだシャツを着た営業スタッフ。

見るからにやる気のない疲れ切った表情で、嫌々応対しているように感じさせる店舗スタッフ。

初対面で名刺交換をするとき、一度も目を見て話さないビジネスパーソン。

人は、言葉を交わさずとも、パッと見た印象が清潔感に欠けたり、なんとなく感じが悪いなあと感じると、いくらよいものをすすめられても「なんとなく」買う気にはならないものです。

さらに恐ろしいことに、その**「最初に抱いた印象」は長く続いてしまいます。**

あなたの周りにも、「最初はなんとなく感じが悪くて話しかけにくかったけれど、話してみると意外といい人なんだよね。でもやっぱり感じは悪いよね」といわれるような人はいませんか？

一度抱いた印象は、簡単に消えるものでも、簡単に変わるものでもありません。

それは、勝手に思い込み、歪曲《わいきょく》してしまうという脳の仕業だから仕方がないのです。

本当はいい人でも、それがわかってもらえるまでに時間がかかり、第一印象で損をしてしまうのです。

一度悪い印象を持たれてしまっても、取り返すことができる場合はまだ救われます。接する時間が長い同じ職場の人や、何度も会う機会があるような場合は、接するうちにだんだんと最初の印象が変わっていくこともあるでしょう。

それでも相手が抱いた印象を変えるには、相当の時間と労力がかかるものです。だから、第一印象はよいに越したことはありません。

「中身を見てもらいたければ、まずは外身から」。

いくら中身が素晴らしくても、それに相応しい外見、つまり第一印象でなければ、中身を見てもらうどころか、相手にさえしてもらうことができません。

初対面で信頼を得るには、まずは第一印象で失敗しないこと。

悪い印象は、取り返しはつきますが、よい印象にするには時間がかかるということをお忘れなく。

印象の良し悪しは相手が決める

「あの人、いつもブランドものの高級なスーツを着て、身なりはきちんとしてるんだけど、なんか感じ悪いよね」

皆さんの周りでこんな声を聞くことはありませんか？

「身だしなみを整える」ことは、ビジネスパーソンとして押さえておかなければいけないマナー。

新入社員研修などでは、社会人としての基本的な身だしなみの整え方を叩き込まれますが、管理職であっても、社長であっても欠かすことのできない最低限の礼儀です。

そこで、大きな勘違いが生じることがあります。

「身だしなみを整える」というと、高級なスーツを着なければいけない、最新のメイクをしなければいけない、バッグや靴など高価なものを身につけなければいけないなどと、外見を飾り立てることと思っている人が少なからずいらっしゃいます。

たしかに、高級なものを身につけると、それなりにきちんと感を出すことができるのですが、身だしなみを整えるという観点からは、大きく外れています。

それは、相手を基準とした身だしなみではなく、自分本位になっているからです。ビジネスシーンにおいて、身だしなみを整えることとおしゃれは異なります。自分の好みの服装や持ち物で飾り立てるのは「おしゃれ」です。

身だしなみというのは、**相手に対して、礼を尽くした身のたしなみのこと**です。**ときと場合、状況によって、かつ相手の立場や目的によって、装いを整えること**です。

そこには、自分を主眼にするのではなく、常に目の前にいる相手が不快感や嫌悪感を抱かないということを前提にした基本があります。

例えば、お葬式に参列するときを考えてみてください。お葬式に派手な色のスーツを着ていくことはありません。普段は赤や黄色の華やかな色合いの洋服しか着ないような人でも、黒い服装で参列します。子どもであっても、黒い服装です。

これは、亡くなられた方への弔いとご親族に対する礼儀であり、誰もが理解しているＴＰＯをわきまえた身だしなみです。

これは、日常のビジネスシーンにおいても同様です。

華美に飾り立てた服装や肌の露出が多い服装など、職場に相応しくない服装は、相手に違和感や不快感を与えるものです。

クールビスが定着した昨今では、職場の服装もカジュアルになってきていますが、ノータイ、ノージャケットが許される職場の中で、「仕事感」を出す工夫も必要です。「行き過ぎた」クールビズは、仕事に対する姿勢も問われかねないからです。

いくら仕事ができたとしても、その場の雰囲気を乱し、周囲の人に不快感を与えているようでは、信頼を得ることはできません。

「身だしなみを整える」ことは、当たり前にできているようで、実は自分でも気がつかないうちに乱れていくことも多いものです。

それが、あなたの印象として相手に残ることになります。

オンラインが主流になり、画面の中だけで接することも多くなりましたが、そんな環境でも、仕事に相応しい最低限の装いは必要です。

たかが身だしなみではなく、もはや「ビジネススキル」とも言えるでしょう。

そして、それは決して難しいことではなく、簡単なことなのですが、意外と盲点になっていることが多いのです。

印象は自分で創り出すものです。しかし、その良し悪しを判断するのはあくまでも相手ということを肝に銘じなければいけません。

相手に与えるのは、好印象ではなく適正印象

信頼を得るためには、相手によい印象を持ってもらうことが一番です。

しかし、実は好印象よりも大切なことがあります。

それが、**「適正印象」**です。これは、私が勝手に名付けた造語ですが、**その人の「人となり」がわかる印象**のことを意味します。

私は25年間、航空会社で客室乗務員として勤務しておりました。

客室乗務員の大きな役割として、サービス要員であることと保安要員であることの二つがあります。

サービス要員とは、皆さんがイメージする通り、機内でにこやかにお食事やお飲み

物をサービスしたり、免税品を販売したりする役割です。

一方で、保安要員とは、緊急事態や不測の事態が起こった場合、お客様の命と安全をお守りする役割です。

普段は笑顔でお客様に接していますが、緊急事態が起こると笑顔を消し、ときに命令口調でお客様に指示を出すよう訓練されています。

2024年には、羽田空港で海上保安庁の小型機とJALの航空機との衝突事故が大きく報じられましたが、着陸寸前までにこやかにサービスをしていた乗務員が、事故発生時には冷静かつ適切にお客様を誘導し、全員を無事に脱出させました。

恐らく、このときの客室乗務員は、厳しい顔つきだったことでしょう。

そんな二つの役割を持つ客室乗務員です。

普段はニコニコしてサービスするのはよいのですが、緊急事態のときにもニコニコと笑顔で誘導されたとしたらどうでしょうか。

「この乗務員、大丈夫か？」と思われてしまいます。

一方で、普段のサービス時にニコリともせずお出迎えされ、無表情で食事を提供されたらどうでしょうか。

きっと、「感じが悪い」と思われ、大きなクレームになることもあるでしょう。

極端な例かもしれませんが、お客様に安心、安全、快適な印象を与えるのは、乗務員として「適切」な振る舞いです。

それが、「適正印象」になります。

通常の機内サービスでは、お客様に快適におくつろぎいただけるよう優しく優雅な印象を与え、いざという緊急事態では、「この乗務員の指示に従えば大丈夫！」という安心感を持っていただくことが重要です。

つまり、「適正印象」というのは、**その職業やその人個人、または役職に与えられた役割と印象が一致していること**をさします。

それが一致して初めて信頼されるということなのです。

客室乗務員の場合の「適正印象」とは、乱れのないきちんとした髪型に整えることであり、薄暗い機内で溌剌《はつらつ》とした印象を与えるよう、少し濃いめの口紅としっかりめのメイクを施すことであり、非常時にはお客様に不安を抱かせることなく安心して身の安全を任せてもらうために、常に姿勢を正し、健康的な容姿を保つことです。

これは客室乗務員に限ったことではありません。

どんな職業であっても、その**役割や役職に応じた相応しい印象を与えることで、人は安心感を抱き、信頼を寄せる**のです。

初対面で信頼を得るためには、相手に違和感を与えないこと。

外見に留まらず、話し方や立ち居振る舞い、表情なども意識することが重要です。「話してみてわかる」のではなく、言葉を交わす前に相手に「適正印象」を植え付けることができれば、まずは信頼の第一歩をクリアしたことになるのです。

なんと言っても最初に印象づけるのは「顔」

初対面のとき、**まず目に入ってくるのが相手の「顔」**です。顔を見て、表情を見て、髪型を見て、服装や姿勢などの全体の雰囲気を見て印象が決まります。

つまり、「顔」は印象を決定づける重要なパーツですから、初対面の相手に好印象を与える「顔」を作らないといけないのです。

人は美しいものや整っているものに目がいきます。大勢人がいても、イケメンや美人に目が留まるのもある意味自然なことです。

しかし、それだけで信頼されるということはありません。

さらに、ここで言う「顔の印象をよくする」ということは、顔の造形を変えるということではありません。

顔の中でも、一番相手に印象として残るのは、「目」です。

日本人は、相手の目の表情で感情を読み取ります。

「目が笑っていない」とか「目が怖い」「目は口ほどにものを言う」など、「目」の表情を表した言い回しや格言は多くあります。

目で相手の感情を読み取るため、サングラスなどで目を隠している相手には、不安や恐れを感じることがあります。

余談になりますが、欧米人は「口元」で相手の感情を読み取ると言われています。コミュニケーションを取る際に、相手がサングラスで目を隠した状態でも、口元が見えていれば問題はないのです。

逆に口元を隠すことに抵抗を感じるそうですので、コロナ禍が収束するにつれて諸外国がいち早くマスクを解禁にした理由も納得できますね。

では、顔の印象、とりわけ目の印象をよくするにはどうすればよいのでしょうか。

相手に好印象を与えるのは、やはり**「目が笑っている」**ことです。


目が笑っている状態を作るのは、実は口元にポイントがあります。

鏡の前で、口元を隠して、目だけを出した状態にしてみてください。

その状態で目が笑っているように見せるには、口元も緩んだ状態、つまり口角が上がり、口元が笑った状態になっているはず。目だけで笑うのは難しいものです。


目が優しく笑みを浮かべた状態でいると、相手は安心し、親近感を抱きます。

特に初対面では、「この人と話がしたい」と思うはずです。

逆に、射るように相手を凝視し、威圧的な目つきをすると、相手は委縮し、初対面から良好な人間関係を築くことが難しくなります。

このように、**目の印象が変われば、顔の印象は劇的に変わります**。


とはいえ、実際に相手に好印象を抱かせる表情を作ることは難しいものです。

なぜなら、今の表情を自分では見ることができないからです。

常に鏡を見ながら人と話すわけにはいきませんから、今の自分の表情が、相手にどう映っているかを意識する必要があります。

私が教官をつとめた客室乗務員の訓練でも、実際の動きをビデオ撮影し、自分の姿かたちがお客様にどう映っているかを客観的に観る訓練がなされていましたが、ビデオに映る自分の表情があまりにも怖いと落ち込む訓練生もいるほどです。

顔の印象を決定づける**表情は、訓練で作り上げることができます**。逆に言うと、訓練しなければ柔和で相手に好印象を与える表情を作ることは難しいのです。

ポイントは、口角を上げ、口元を緩めること。そうすると目尻が下がり、目の表情が優しくなることで、自然な笑みの表情になります。

初対面で、誰もが最初に見る「顔」、とりわけ「目」の表情が豊かであれば、あなたの印象も大きく変わります。一度、鏡で目の表情を練習してみてはいかがでしょうか？

第一印象を決定づける七つのポイント

初対面で信頼を得るためには、実際にどういうポイントを意識すればよいのでしょうか？　ここでは、七つのポイントをお伝えします。

まず一つは、「**目**」です。これはすでにお伝えしましたが、初対面では、柔和で穏やかな優しい視線を送るよう意識してください。

二つ目は、「**眉**」です。

意外に思われるかもしれませんが、眉には感情が表れます。目は意思を、眉は感情を表すと言われるように、特にネガティブな感情が出やすいのです。

昔の修行僧が眉を剃り落したのは煩悩を消すためと言われていますし、プロとしての姿勢を表すために、客室乗務員も眉はしっかりと強めに描くよう指導されています。

三つ目は、「**口角**」です。

特に日本語の発音は口輪筋を使う「e」の発音が少ないため口輪筋が衰えてきます。そのため、意識をしないと段々と口角が下がってくるのです。

口角が上がっていると、それだけで顔の印象は若々しく溌溂と見えます。

昔ながらの訓練法ですが、奥歯で割りばしをくわえる、口を閉じた状態で舌を歯茎にそって回すなど、口輪筋を鍛えることが効果的です。

四つ目は、「**顎**」です。

これは自分では気づかないことが多いのですが、普段の姿勢で顎が上がっていると、不遜な態度ととられてしまうことがあります。

顎が上がると、相手を見るときの目線が上から見下ろす感じになりますし、後ろ姿も不遜な感じになりますので、注意が必要です。

逆に顎の位置が下がると、相手を見るときの目線が上目遣いになり、自信がなさそうに見えたり、相手を疑っているような感じに見えたりします。

姿勢を正し、顔をまっすぐに相手に向けたときの顎の位置が正しい位置です。


五つ目は、**「髪型」**です。

上半身の中でも髪は目立つパーツです。面積が大きいため、目につきやすいのです。

顔のパーツは変えられませんが、髪型は自分で変えることができます。


お辞儀の習慣がある日本人にとって、お辞儀の度にバサッと髪が顔にかかるような髪型は清潔感に欠いてしまいます。髪をかき上げたり、常に触っていないと崩れてくるようなヘアスタイルはビジネスシーンではおすすめできません。

また、前髪が目にかかり、表情が見えづらいような髪型も、よい第一印象を与えることができません。

少々の寝ぐせはご愛嬌《あいきょう》ですが、朝起きて慌てて出てきたように感じさせる寝ぐせは、プロとしての姿勢が問われます。時間をかけて整えましょう。

六つ目は、**「姿勢」**です。

背中を丸め、ひざを曲げ、とぼとぼと歩いている姿には、魅力は感じません。堂々と胸を張り、背筋がまっすぐ伸びた姿勢のよい人は、健康的で自信が感じられます。姿勢がよい人は存在感があり、人目を引きます。

猫背を自覚している人は、意識して姿勢を正す努力が必要です。

最後の七つ目は、**「所作」**です。

動作は機敏なのですが、どこかバタバタ落ち着かない印象を与える人がいます。例えば、オフィスでバタバタと忙しなく歩く人、会話中に大げさなジェスチャーで雑な印象を与える人など、所作が雑で落ち着きがないと、印象も悪くなりがちです。

丁寧で落ち着いた所作には信頼感があります。歩くとき、ものを渡すときなどの立ち居振る舞いを見直してみるといいかもしれません。

笑顔は第一印象の万能薬

私がチーフパーサーとしてファーストクラスを担当していたときのことです。今でもはっきりと記憶に残っている印象的なお客様がいらっしゃいました。

客室乗務員はお客様をお迎えするとき、ドアの外に立ってお出迎えします。ボーディングブリッジと呼ばれるゲートから飛行機に続く通路でお客様をお出迎えしていると、遠方から歩いていらっしゃるお客様の様子が見渡せます。

通常ファーストクラスのお客様には、お客様のお荷物を持つ地上スタッフがアテンドし、客室乗務員に引き継ぎます。

そのため、地上スタッフと談笑しながらボーディングブリッジを歩いてこられることが多く、そのお客様も地上スタッフとにこやかに談笑しながらいらっしゃいました。そして、ドアの外でお出迎えしている私と目が合うやいなや、「おはよう。よろしくね」と爽やかにおっしゃったのです。

長年フライトをしていますが、こちらがご挨拶してもお客様から挨拶が返ってくることはあまり多くありません。

軽く頭を下げる会釈だけであったり、ニコッと軽い笑みを返されるくらいです。

そんな中で、私がご挨拶をする前に、お客様から元気よくご挨拶をされたことに軽い衝撃を受けました。しかも、満面の笑みを浮かべて、です。

そのお客様は、フライト中も始終笑顔で乗務員に話しかけられます。

お食事をお持ちしても笑顔で「ありがとう」、ベッドの準備をしても笑顔で「ありがとう」、お預りしたお手荷物をお返ししたときも笑顔で「ありがとう」、そして到着後、ご挨拶に伺ったときも「お世話になりました」と満面の笑顔で降機されたのです。

このお客様の笑顔は、十数年たった今でもはっきりと記憶に残るくらい印象的でした。

日本人男性はシャイなのか、笑顔を作ることが苦手な人が多いです。笑うと損だとでもいうように、かたくなに笑顔を見せない人もいます。

そんな中で、このお客様の笑顔は同乗した客室乗務員全員がファンになるくらい強烈な印象を残したのです。

笑顔の効用は計り知れません。**笑顔は相手をリラックスさせ、ときに癒し、ときに勇気を与える万能薬**です。

初対面で屈託のない笑顔を向けられると、それだけで相手に好意を抱くものです。

外国人は、自分が敵でないことを示すために、通りすがりであっても人と目が合うと微笑みを返します。誰かれ構わず笑顔を向けると誤解を招くこともありますが、笑顔で人が不快になることはありません。

また、初対面での印象的な笑顔は、いつまでも相手の心に残るものです。

「また会いたい」と相手が思うような笑顔は、ビジネスにおいても、人生においても大きな財産になります。

しかも、一円のお金もかからない、投資なしで築ける財産です。

第一印象で相手の心に刻みつけられる笑顔は、ほんの少し意識するだけで誰もが手にすることができます。

「人は楽しいから笑うのではなく、笑うから楽しくなる」とはよく言いますが、初対面で信頼を得るには、まずは笑顔で人に接すること。

恥ずかしがらずに満面の笑みで相手に接してみてください。

きっと相手の心がほぐれ、相手もあなたに笑顔を返してくれるはずです。

そこから新たな人間関係が生まれてくるでしょう。

初対面での笑顔は、第一印象の万能薬。

誰にでも簡単にできる強力なビジネススキルです。

視覚と聴覚を制する人が第一印象を制する

ビジネスシーンにおいて、コミュニケーション力が高い人は人間関係を円滑に築くことができ、誰からも好かれ、信頼も得られやすい傾向にあります。

では、コミュニケーション力が高い人とはどういう人でしょうか？

話すことが得意で、スラスラとよどみなく話せる人でしょうか？


一般的にコミュニケーション力が高いというと、会話力や話すことに焦点が当たりがちですが、決してそうではありません。

キャッチボールにたとえられるコミュニケーションは、相手との双方向のやりとりで成り立ちます。

相手の話を聞かず一方的に話しまくったり、逆に一言も話さずに相手の話を聞くだけのような人は、コミュニケーション力が高いとは言えません。

長年研修などで言い伝えられていることで、第一印象を語るうえで必ず引用されるのが、**「メラビアンの法則」**です。

あまりにも有名でご存じの方も多いと思いますが、第一印象を決定づける3要素を「視覚」「聴覚」「言語」に分類し、視覚からの情報が55%、聴覚からの情報が38%、言語からの情報が7%の割合で人の印象が決定づけられるという法則です。

この法則を、視覚から入ってくる情報が、55%の割合で第一印象を決定づけると解釈する人も多いのですが、この法則が本来意図することは、**「矛盾する状況に置かれたときにどの情報を優先して判断するのか」**ということです。

例えば、謝罪しなければいけないときに、腕を組み、頭を下げないで口では「申し訳ございません」と謝罪しても、態度という視覚情報を優先してしまうため、きちんと謝罪する気持ちが伝わらないというものです。

そう考えると、実際にはこれら三つの要素をバランスよく考慮して第一印象が形成されているのだと思いますが、実際には、話す内容に入る前の段階である「言語」以外の「視覚」と「聴覚」からの情報が特に重要になります。

つまり**表情や身だしなみなどの視覚から得る情報と、話し方や声のトーンなどの聴覚から得る情報を制すると、第一印象は劇的によくなる**のです。

表情や身だしなみを整え、立ち居振る舞いが美しく視覚情報が完璧であっても、話し方が幼稚であったり、キンキン声でまくしたてたりと、聴覚情報にズレがあると、印象は驚くほど変わってしまいます。

逆の場合もしかりです。落ち着いた耳ざわりのよい声のトーンで話していても、表情が険しく姿勢も身だしなみも整っていないような人は、相手に好印象を与えることはできません。

初対面で第一印象を制するには、**視覚と聴覚からの情報をバランスよく適切に操る**必要があります。

どちらかが飛びぬけてよくても、ダメなのです。あくまでもバランスよくです。

知人の民放局のアナウンサーからは、こうした話を聞いたことがあります。

バラエティ番組に出るときは、いつもより声のトーンを明るく高めに発声し、ニュースを読むときは、声のトーンを2段階ほど落として低めの落ち着いたトーンで発声をしているということでした。

当然衣装の種類や色合いなども番組によって変えているという話から、伝えるプロは視覚と聴覚から視聴者に与える印象を考えているんだなと思ったものです。

視覚と聴覚は、人間の五感です。

第一印象を制して、初対面で信頼を得るために、自分が相手に与える視覚と聴覚の影響を見直してみませんか？

姿かたちは変えられないが、見せ方は変えられる

容姿にコンプレックスを抱く人は少なくありません。

就職活動に入る前にプチ整形する若い女性が増え、男性も脱毛やメイクを普通に行う時代です。容姿に対する意識は、時代と共に変わってきています。

たしかに、外見が第一印象に影響することは、まぎれもない事実です。先に述べたように、脳の仕組みとして人間は美しいもの、整っているものに目が留まるからです。

これは人間に限ったことではなく、**世の中すべては「どう見られるか」を基準に成り立っています。**

例えば高級ブランド店を想像してみてください。

イメージに相応しい店構えや内装に設《しつら》え、商品の陳列を工夫し、お買い上げいただいた商品には丁寧にラッピングを施す。

これにはブランドとしてどう見られるか、どう見せたいかがベースにあります。

見せ方を工夫してブランドとしての価値を成り立たせているのです。


ビジネスパーソンも同様です。ビジネスシーンにおいて、人からどう見られているのかを意識することは、相手に対する最低限のマナーでもあります。

その上で、どう見せるのかが必要になってきます。


見せ方は自分次第でどうにでもなるものです。

では、どういう見せ方があるのでしょうか?

まず、お店でいうところの「店構え」、全体像です。

全体像とは、初対面でお会いした人に、あなたがどう映っているか、どんな人に見られているかです。

ここで全体像を大きく左右するのは、**全体の雰囲気**です。

簡単に印象を変えるには、例えば**普段着ないような服を着てみる**ことです。

いつもの定番がシャツとチノパンであれば、少しカジュアルなジャケットを着てみる。普段は黒や紺などのシックな色合いの洋服が多いのであれば、思い切って赤や白の原色の明るい服を着てみる。それだけで印象は大きく変わります。


そして、髪型です。

思い切ってヘアスタイルを変えてみると、印象は想像以上に変わるものです。

装いを変えると自然と所作も変わります。ドレスや着物を着て、髪型をアップにするだけで、姿勢が伸び、ゆっくりと丁寧な落ち着いた立ち居振る舞いになるものです。

外見が整ったら、「商品」であるあなた自身をどう見せたいかを考えましょう。

お店で言うと、どう陳列し、どのようなラッピングを施すかです。

必要以上に飾り立てるのではなく、ビジネスに優位に働く見せ方は必要です。

例えば言葉遣い。

意識をして丁寧語を話してみましょう。言葉遣いには品性が如実に表れます。常に丁寧な言葉で話すだけで、印象は大きく変わるでしょう。

私がチーフパーサーとして乗務していたとき感じたことですが、**ファーストクラスにお乗りになるお客様は、丁寧語で話しかける方が多い**です。

お飲み物をお伺いするときも、「ビール」ではなく、「ビールをお願いします」と丁寧語で話しかけられます。

装いや言葉遣いを意識的に変えることで、心理的な変化も表れます。

性格や中身を変えるには、相当の意識と時間がかかりますが、普段の見せ方を意識するだけで、印象は簡単に変えられるのです。

印象を操作する

印象を操作するというと、操っている、誤魔化しているというネガティブなイメージを持つ方もいらっしゃるかもしれませんが、「操作する」には、「自分の都合のいいように手を加える」という意味があります。

まさしくこの言葉通り、**自分の印象は都合のいいように手を加えればいい**のです。

印象を操作するというのは、詐欺のように他人をだますこととは違います。

自分の第一印象をよくするのと同時に、相手への敬意でもあります。

例えば、正装してパーティーに行く場合、パーティーの主旨に合わせて衣装や髪型を整えます。それは、主催者と参加する人への配慮です。

ドレスコードが指定されているようなパーティーで、それにそぐわない装いで参加すると、恥をかくだけでなく、参加者に対しても礼に欠くことになるからです。

アメリカ大統領選の候補者は、専属のスタイリストをつけ、徹底的に印象を操作していることは有名な話です。顔色が映える色合いのスーツを着、色、幅、長さを厳選したネクタイをつけ、ヘアスタイルを整えます。

まずは外見を整え、それからスピーチやジェスチャーをアメリカ大統領に相応しいパフォーマンスになるよう意識するのです。

私がチーフパーサーとしてファーストクラスを担当していたとき、ある有名な女性タレントがご搭乗されました。

テレビで拝見するお姿は、可憐で清楚なイメージ。テレビで観ない日がないほどとても人気のあるタレントさんでした。

にこやかにご搭乗になったのですが、ご自分の座席につくなり、テーブルにメイクボックスを広げ、いきなり化粧を落とし始めたのです。

少し意外に思ったのですが、周りにお客様がいらっしゃることもお構いなしです。

チーフパーサーは、ファーストクラスにご搭乗されたお客様全員の座席まで伺って、お一人おひとりにご挨拶します。

そのタレントさんが化粧を落とし終わった頃合いを見計らい、ご搭乗御礼のご挨拶に伺うと、「こんなところでお化粧を落としてすみません。素はこんな感じです」とあっけらかんとお答えになったのです。

テレビで拝見するお姿と、素顔をさらす行為があまりにもかけ離れたイメージでしたので、驚くとともに、やはりタレントさんは自分のイメージを熟知して研究し、自分が見せたい印象に操作しているんだと実感いたしました。

印象を操作するには、まず自分を知ることが重要です。

自分本位の「なりたい自分」に装うだけでは、相手がよい印象を持つとは限りません。ビジネスシーンでよい印象を与えるには、仕事、役職、与えられた役割に相応しい「適正印象」を持ってもらうことです。

タレントのように、芸名を使い、本当の自分と違う自分を演じる環境にある人は多少盛った印象を作り上げても、それは職業上必要なことかもしれませんが、一般的なビジネスパーソンが、実際以上に印象を作り上げるのは問題です。

相手に不信感を持たれ、常に仮面をかぶっていなければいけない状態では、自分もかえって生きづらくなってしまいます。

印象を操作することは、自分をいきいきと輝かせるための手段であり、それによって意欲的に仕事に取り組めるよう自分を操ることでもあります。

それによって相手に信頼されていると実感することができれば、さらにあなたも相手に好意を持ち、人間関係が良好になるでしょう。

印象を操作するということは、自分も相手も心地よくなり、人間関係をも良好にしてくれる最強のビジネススキルなのです。

ギャップを味方につける人とつけられない人の違い

人を魅了する要素の一つに、**「ギャップ」**があります。

一見強面《こわもて》で近寄りがたい雰囲気の人が、顔をくしゃくしゃにして満面の笑顔で話しかけてくれたり、無関心なそぶりで話を聞いているように見えて、実は真剣に話を聞いて優しい気配りをしてくれたり……。

「意外！」と思わせるギャップがあると、人は興味を持ち、ときに好感を抱きます。

ただし、**この意外性が効果を発揮するのは、ネガティブな印象がポジティブな印象になった場合**です。

その逆のギャップの場合、例えば、誠実そうに見えたのに、実は嘘ばかりついている人だったとか、ニコニコと笑顔で接してくれるのに、陰で悪口を言いふらす意地悪な人だった……といったギャップは、言うまでもなく不信感を抱かれてしまいます。

第一印象で最初に人に与える印象を「初頭効果」、最後に与える印象を「親近効果」といいます。

ここでいうギャップは、まさに初頭効果は悪いが、親近効果がとてもよく、そのギャップが魅力的に見える人です。

こういった人が、ギャップを味方につけられる人です。

では反対に、ギャップを味方につけられない人というのは、どんな人でしょうか。

私がビジネスクラスを担当していたときのことです。

ファーストクラスと違って、ビジネスクラスは座席数も多く、客室乗務員はお客様お一人おひとりに気を配ってはいるものの、どうしても行き届かないところが出てきてしまいます。

そのフライトも満席で、目が回るほど忙しいフライトでした。

できるだけお客様をお待たせしないよう、スピーディーなサービスを心掛けていたのですが、ビジネスクラス最後列にお座りのお客様から強烈なクレームがきたのです。

そのお客様は、ご搭乗されたときは他の誰よりもにこやかな笑顔でご挨拶され、時折客室乗務員とも楽しく談笑なさる、いわゆる「初頭効果」が高いお客様だったのですが、他のお客様と同じように扱われるのがお気に召さなかったのか、ことあるごとに、客室乗務員の一挙手一投足にクレームをつけてこられたのです。


「通路をバタバタ歩いてうるさい」

「水割りの氷が少ない」

「トイレが汚れている」

など、たしかにこちらにも非はあるものの、執拗にクレームをされるのです。

最初の印象とはまるで別人のような豹変《ひょうへん》ぶりに、ビジネスクラスを担当した乗務員も戸惑うほどでした。

初頭効果と親近効果が一致していれば、よい印象も悪い印象も変わらずなのですが、この方のように初頭効果が非常によい場合、少しでもネガティブなギャップがあると、二重人格的な印象を与えてしまいます。

これでは、相手からの信頼を得られず、よい人間関係を築くことは難しくなります。

もちろん、初頭効果がよいほうがよいのは言うまでもありません。

しかし、**もし最初に悪い印象を与えてしまったと感じるのであれば、親近効果をよくするように努力すれば大丈夫**。ギャップを味方につけることができます。

逆に、最初によい印象を与えることができた場合は、最後まで気を抜かないこと。

そうすれば、相手があなたとの心理的な距離を縮めて心を開き、良好な人間関係の第一歩になることは間違いありません。

作り過ぎた第一印象は失敗のもと

ここまで、よい第一印象や適正印象の作り方、印象を操作することの重要性をお伝えしてきましたが、第一印象を作り過ぎると失敗することがあります。

必要以上に自分をよく見せようとすると、いつか必ずボロが出るからです。

私は航空会社を退職後、7年間外資系保険会社で保険営業に携わっておりました。営業スタッフは第一印象に気を配る人も多く、お客様にお会いするときは身だしなみや立ち居振る舞いに注意を払います。

保険営業はとても厳しい世界ですが、トップセールスマンになると年収も普通の会社の役員並みになるほど営業成績がものを言う世界です。

当然、トップセールスマンとそうでない営業マンでは、着ているスーツや持ち物までもが違うのですが、本当のトップのセールスマンは意外と質素です。普通の白のYシャツに濃紺のスーツ、鞄も靴もブランド品で飾り立てることはありません。

どちらかといえば、地味な印象の装いですが、常に清潔に、着崩すことなくきちんと身なりを整えています。

ここで、トップセールスマンとそうでない人との違いが出ます。トップセールスマンでない人は、第一印象を整えるというと、洋服や鞄などの持ち物だけを高級ブランドで固めようとするのです。

カラーシャツを着て、派手なスーツにブランドバッグ、フェイスの大きい目立つ時計を身につける人もいるほどです。

ブランド品で身を固めていると、いかにも成功者のように見えますが、実は営業成績が振るわず、苦心している営業マンも多いのです。

身の丈以上の高価なものを身にまとい、それで第一印象をよくしようと思っているのであれば、それは大きな勘違いです。

外見を飾り立てても、中身が伴わなければ、相手にはすぐに見破られてしまいます。

ＩＴ長者と言われるような創業者は、ＴシャツにＧパンです。

社長なのに、そんなカジュアルでいいの？　と思う人もいるでしょうが、クリエイティブな業界特有の常識があります。

アップル創業者のスティーブ・ジョブズは、自分の美学にこだわり、それを社会に認知させた例と言えるでしょう。

人はそこまで突き抜けると、誰も異議を唱えません。

しかし、その基準をあらゆる業界で適用させるにはまだ時間がかかるのが現状です。

ビジネス上の身だしなみも、カジュアル傾向にあるものの、まだまだ一般的な企業では、服装は普段着のように自由にはできないものです。

そして、作り過ぎた印象でもう一つ多いのが、**年齢より若く見せ過ぎること**です。いつまでも若くありたいと思う気持ちは十分理解できますが、痛々しく見えるまでの若作りは逆効果です。特に服装で若く見せようとする人は、若く見えるというより幼稚な印象を与えかねません。

いつまでも若さを売りにすることはできません。**歳を重ねての過度な若作りは、中身のなさを自らさらけ出しているようなもの。**「若くある」ことと「若作り」はまったく異なるものです。

ビジネスシーンでは、作り過ぎた奇抜さや斬新さは必要ありません。装飾だけの外見にこだわった第一印象は、実際との違いにマイナスなギャップが生じて、かえって逆効果になることを肝に銘じなければいけないのです。

印象は毎日の積み重ねで決まる

初対面でお会いした人で、その後再びお会いすることなく関係が途切れてしまう人には、第一印象がそのままあなたの印象として相手に残ります。

割り切って考えると、二度とお会いすることがないような場合は、多少第一印象が悪かったとしても、ご縁がなかったとしてあきらめもつくのですが、今後関係性を続けなければいけないような場合は、相手にどう思われるかでビジネスの展開も変わってくるものです。

しかし、最初に持った印象は、時間と共に変わっていくことがあります。

ここまで、初対面で信頼されるには、第一印象とその後の印象が大きく変わらないことが一番だとお伝えしてきましたが、そうではない場合も実は多くあるのです。

第一印象が多少悪くても、共にする時間が長くなることによって印象が好転していく場合、それを**「第二印象」**と呼びます。

第一印象が、会話をする前のパッと見た印象だとするならば、**第二印象は言葉を交わした後の印象**です。

「実際話をしてみると、見た目と違って誠実だった」というようなケースです。

さらに、人間関係が続いていくと、第三者の評価が加わってきます。

ビジネスシーンでよく見られる、**「第三印象」**と呼ばれるものです。

これは、初対面の印象はあまりよくなくて、話をしてみてもやっぱりどこか合わないんだけど、部長が「あいつは感じはよくないんだけど、仕事ができるから困ったことがあったらあいつに相談すればいいよ」と言っているようなケースです。

第三者の評価が高い場合、それに影響されてよい印象に変わるのです。

私が客室乗務員として乗務を始めた頃のことです。

まだ新人で仕事の要領もつかめず、毎回緊張してあたふたとフライトしていたのですが、今でも強烈に印象に残っている上司に、ある男性チーフパーサーがいます。


客室乗務員は、基本的に1年間は同じメンバーでフライトをするというグループ制なのですが、配属されたグループでそのチーフパーサーに初めてご挨拶をしたとき、その方はニコリともせず、交わす言葉も少なく、初対面の印象は最悪なものでした。

このチーフと1年間一緒にフライトしなければいけないのかと思うだけで憂鬱な気持ちになったものです。


数か月経っても、仕事上の最低限の会話は交わしますが、それ以外はあまり話しかけることができないほど、悪い第一印象は変わらないまま。

第一印象は最悪、話す機会が増えた状況での第二印象も悪いままでしたが、そのチーフパーサーはお客様の評判がとてもよいのです。

そして客室業務に必要な知識が豊富で、業務以外のさまざまな情報や知識にも精通している博学なチーフでした。

同じグループの先輩たちの評判も決して悪いものではありませんでした。

「チーフは自分からはあまり話しかけたりしないからとっつきにくいところがあるけど、なんでもよくご存じで、学ぶところが多いのよ」と口をそろえて言うのです。

これが、第三印象です。

第一印象、第二印象と印象が積み重なり、そこに周囲の評価が加わって第三印象になることで、親近効果と言われる最後の印象になっていきます。

あなたの印象は、あくまでも相手が判断することです。

常に誠実に、真摯に相手と向き合っていると、相手のあなたに対する印象も変わってきます。

あなたの印象は日々の振る舞いの積み重ねで成り立っているのです。

第2章

細やかな観察力を身につける

観察力は好奇心、「興味を持つ」ことから始まる

初対面で信頼を得ることは簡単なことではありませんが、相手に好意を持ってもらいたい、信頼されたいと思うなら、**まずは相手に関心を持つこと**です。

「関心」とは心を関わらせること。つまり、相手に興味を持って関わることです。

恋愛の初期のことを思い出してみてください。好意を持った相手のことをよく知りたいと思ったら、相手の一挙手一投足が気になるはずです。

食べ物は何が好きなのか、趣味は何なのかと相手のすべてに興味を持って接します。必死で共通点を探し、少しでも相手との距離を縮めようと努力するはずです。

つまり、相手をよく観察して相手のことをよく知ろうとするのです。

ビジネスにおいても同様です。

相手に関心を持ってもらうためには、まずは自分が相手に関心を持って接すること。しかし、ビジネスシーンでよく見られるのが、自分の売り込みばかりする人です。営業をするにしても、何かを売るにしても、相手の気持ちや状況を理解せず一方的に話を展開させ、相手が心を閉ざしているのにも気がつかないという状況です。そうなると、ビジネスが次に進む機会は完全になくなってしまいます。

初対面で信頼を得るためには、まずは相手ファーストを徹底することです。

相手がどんな人で、どんな考えや価値観を持っているかを探ることから始まります。そのためには、自分の好き嫌いを優先せずに、まずは客観的に相手を見、興味を持つことです。「ちょっと苦手なタイプだけど、どんな考えを持っているのか聞いてみよう」から始まります。

相手と円滑な人間関係を築いていくためには、大人の対応力が必要なのです。

客室乗務員の仕事は、お客様に飲み物や食事をサービスするだけでなく、機内でホッとしていただけるようさまざまなおもてなしをします。

その一つに、お客様と会話をするということがあります。

仕事とはいえ、初対面のお客様と会話を弾ませ、楽しかったと思っていただけるような円滑なコミュニケーションを得意とする乗務員はそれほど多くはありません。

最近では、業務上のやりとりはできるものの、お客様の時間を邪魔してはいけないから積極的に話し掛けない乗務員や、不快な思いをさせてしまうのではないかと必要以上にお客様との会話を恐れる乗務員もいます。

しかし、それでは接客業は務まりません。

そこで、お客様とのコミュニケーションを取る一つのきっかけとして、まず「**褒める**」ことを教えています。

ネクタイでも、スーツでも、なんでもいいですから、目についたものを褒めます。

ここで注意しなければいけないのが、褒めることが「お世辞」にならないようにすることです。

たとえば、身につけているものを褒める場合、「素敵なネクタイですね」や、「素敵なお召し物ですね」はよく使われるのですが、こればかりを繰り返すのはただのお世辞です。相手も単なる社交辞令として受け取ります。

「褒める」場合は、「素敵なネクタイですね。ネクタイの色がスーツと合っていて、とてもお似合いです」など、**ものだけでなく、それを相手と絡めて褒める**のです。

さらに上級者は、「いつもネクタイはご自分でお選びになるのですか？」などと相手の行為を褒め、質問します。「観て」「訊く」のです。

「褒める」ということは、相手に関心を持ち、よいところを見つけようとする観察力がないとできないものです。

信頼の第一歩は、素直に相手に興味を持ち、関心を寄せて観察することから始まります。

まずは客観的に自分を観察する

「観察力」を身につけるというと、観察する対象を自分以外に置きがちですが、実は一番知らなければいけないのは自分です。

自分のことは自分が一番よくわかっていると思ってしまいますが、実は他者から見ると、自分が思っている自分と相手が思っているあなたは違うことが多いものです。

信頼を得るためには、相手に興味を持って観察すると同時に、客観的に自分を観ることが重要です。

私がチーフパーサーとして乗務していた頃、お客様からクレームをいただくことが多い部下がいました。

本人はいたって真面目に接客をしているつもりなのですが、彼女が担当するエリアのお客様が彼女の接客態度に気分を害し、お叱りを受けるのです。

「あの言葉遣いはなんだ！」「彼女の接客態度はなっていない！」など、彼女に対する辛辣《しんらつ》なお叱りが続きます。

その都度《つど》、責任者である私がお客様に謝罪し、彼女に経緯と事実を確認するのですが、本人にはまったく悪気がなく、お客様の気分を害したという自覚もありません。

しかし、お客様とのやりとりを詳細に聞いてみると、やはり彼女の対応の仕方に問題があるのです。

お食事のチョイスを伺う際、ご希望の和食がすべて出てしまい、ご希望に添えなかったとき、普通なら、

「申し訳ございません。和食がすべて出てしまいました。洋食のお魚にもお野菜をたっぷり使っておりますので、洋食のお魚はいかがでございますか？」

と、まずはご希望に添えなかったことを誠心誠意謝罪し、そのあとに代替案を提示

するのが鉄則です。

しかし彼女は「ないものはご用意できません」と悪びれもせず言い切るのです。

また、ミールサービスで忙しいのは理解できるのですが、自分の担当する役割を早く終わらせることを優先し、お客様対応を二の次にしてしまっていました。

これではお客様のお叱りを受けるのは当然です。客室乗務員としての態度と心構えが欠けていたのです。


そして、一生懸命やっているのに、なぜお客様からお叱りを受けるのか、と自分の振る舞いを客観的に顧みず、自分の主張ばかりを繰り返します。

これでは、同じことが繰り返されるだけです。彼女には厳しく指導しましたが、残念ながら最後まで彼女は自分を客観的に観ることができませんでした。


自分を客観視できなければ、相手をよく観察し、相手の気持ちに沿った臨機応変な対応はできないものです。

特に接客業という、日々多くのお客様に接する仕事では、致命傷となります。

自分を客観視するには、自分がどう考えるか、何をしたいかを一旦置いて、まず相手がどう思っているか、何を望んでいるかなどの相手の反応を観察することです。

自分で気づかない場合は、人のアドバイスに真摯に耳を傾けることも大切です。

最初は気がつかなかったことも、常にそのような意識をしていれば、自然に見えてくるものがあるはずです。

そして、**人に接するときの自分のクセを知ることも重要**です。

好き嫌いが露骨に表情に出ていないか、自分の主張ばかりしていないかなど、相手を不快にさせたり、傷つけたりしていないか、自分の言動を振り返ってみましょう。

相手に映る自分を客観視し、自分のコミュニケーションスキルを冷静に判断することで、相手への関わり方も変わってきます。

自分を知ることが、相手にもあなたを知ってもらうことへの近道になるのです。

「見る」のではなく、注意深く「観る」

人には五感があります。視覚、聴覚、触覚、味覚、嗅覚という五つの感覚です。

人は五感を通して、出来事や体験を認識し、言葉によって意味付けをし、それが思考パターンや行動パターンに影響していると言われています。

これは、私が学ぶＮＬＰ（Neuro Linguistic Programming　神経言語プログラミング）という心理学における考え方です。


そして、その五感の中でも、特に優位性を持つ感覚があります。

これは人によって異なる、クセのようなものです。

ＮＬＰの中でも私が実践しているのが、五感を視覚、聴覚、体感覚という三つに分類し、どの感覚が優位に働いているかで使う言葉を選び、良好なコミュニケーションを図るというものです。

これは、人間関係を良好にするためのコミュニケーションスキルの一つの手法です。

私は、視覚に優位性がありますので、視覚優位の言葉をよく使います。

例えば、「話が見えない」とか、「展望が描けない」というような表現です。


このように、私は「見る」ことについて優位性を持つはずなのですが、見えていないことも多いものです。

なぜなら、「見ている」つもりでも、実は「観ていない」ことがあるからです。


観察力とは、「身の周りの状況や事象を注意深く観察することで、さまざまな知見や気づきを得られる能力」と辞書にあります。視界には入っているものの、ただ漠然と見ているだけでは、気づかないことがたくさんあります。

例えば、私がよく利用するコンビニにセブンイレブンがあるのですが、看板の表記をご覧になったことはありますか？

セブンイレブンはローマ字ではSEVEN ELEVENと書きますが、セブンイレブンの看板は、7ELEVEnとなっています。

最後のNが大文字ではなく、小文字のアルファベット（n）になっているのです。

これは、私の尊敬するビジネスの師匠が教えてくれたことです。

ただ「見ている」だけではこの小さな違いに気がつかず、見落としてしまうのです。

相手を観察することもしかりです。

ただ漠然と見ているだけでは何も見えてきません。ほんの少し相手に興味を持って注意深く観てみると、今まで気がつかなかった発見が必ずあるものです。

そして、その発見したことを相手に伝えることで、相手はそこまで細かく自分のことを観ていてくれたのだと感動し、あなたに好意を寄せるのです。

人は、自分に関心を寄せてくれていると確信する相手には、不快な気持ちやネガティブな印象を持つことはほとんどありません。

むしろ好感を持ち、自然とその相手を信頼するようになっていきます。

ちなみに、「観る」ということは、ジロジロと見定めることとは違います。

あくまでも関心を持って、相手と接することです。

一挙手一投足を見逃さないよう相手を凝視したり、何か探りを入れているかのような振る舞いは、相手を委縮させ、逆に不信感を与えてしまいます。

ただ単に相手を見るだけでなく、注意深く観る。そうすることで、相手を深く知るきっかけになります。

そして、思わぬ発見や小さな感動が積み重なり、相手との良好な人間関係を構築する第一歩になります。

今までとはちょっと違う視点で、身近にいる大切な人と関わってみてはいかがですか？　新たな発見がきっとあると思います。

観察力は日常生活で鍛えられる

私は25年間客室乗務員としてフライトをしてまいりましたが、新人の頃から厳しく教えられてきたことがあります。

それが、**「気づき」**です。

「よく気づく」ことは、接客業に携わる者にはなくてはならない適性の一つであり、時代が変わっても周囲から好感を持たれ、ビジネスパーソンとして評価される点です。

ＡＩが発達した現代では、サービスロボットなるものが登場しています。

そんな時代に、人でしか持ちえない「気づき」がないと、作業だけのサービスはすべてＡＩに取って代わられてしまいます。

これからの時代は、ＡＩには踏み込めない領域の「気づき」を身につけた人が生き残っていくとも言えるでしょう。

では、「気づき」はどのようにして身につけるのでしょうか？

一言で言ってしまえば、**日々の意識**です。

「気づき」は一朝一夕で身につくものではありません。

もちろん、性格的に気がきく方もいらっしゃいますが、基本的には毎日の過ごし方や他者に対する思いやりなどが積み重なり、気配りができるようになっていきます。

それだけではありません。

自分が身を置いている環境にも影響されることが多々あります。

実際にお客様と対面で応対するようなサービス業や営業職、店頭で商品を紹介する販売業など、リアルで人と接する機会が多い人は、無意識に「気づき」の訓練を行う環境に置かれています。

私は航空会社で、管理職乗務員としても勤務していました。

サービスアドバイザーという役職で、サービス品質を高めるためにサービスの企画立案を行ったり、サービスマニュアルを作成したりする役職です。

また、航空会社のサービス品質に一番大きく関係する客室乗務員のサービス技量を高めるための施策にも携っていました。

客室乗務員のサービス評価制度を作り、乗務員の日々のフライトでのパフォーマンスを査察するのです。


あるフライトに査察に入ったときのことです。

査察官が搭乗するフライトで緊張していることは理解ができるのですが、あまりにも「気づき」の足りない乗務員がいました。


ファーストクラスの座席は足元のスペースが広く、座った状態で手を伸ばしても前の座席ポケットには手が届きません。

そのときも、お客様が手を伸ばして前の座席ポケットに入っているものを取ろうとしていらっしゃったのですが、その横を乗務員が素通りしていったのです。

「気づき」があれば、そうしたお客様の様子を見かけたら、お手伝いするはずです。

しかし彼女には、「気づき」がなかったのです。


「気づき」は感性です。

どんな環境に置かれていても、相手に関心を寄せ、相手をよく観ることで磨かれていきます。

職場だけでなく、日常生活の中でも鍛えることのできるスキルです。

日々の生活で、今まで気にしなかったことに関心を向けるだけで、見えてくるものがたくさんあります。

それを見つけるだけで、「気づき」の感性は養われていくのです。

小さな小さな違いに気づく目を養う

大切に築いた良好な人間関係がいつまでも続いていくこと、それは大変幸せなことであり、人生において貴重な財産になります。

しかし、そんなにうまくいかないのが現状です。

うまくいっていた人間関係が、何の前触れもなくある日突然壊れてしまうことはまずありません。そこに至るまでには、変化が必ずあるはずです。

壊したくないと思っている人間関係を維持するために重要なのは、些細な変化にいち早く気づくかどうかです。

最初は相手の小さな心情の変化かもしれませんが、それを放っておくと、人間関係では大きな亀裂になることがあるのです。

これは、人間関係に限ったことではありません。

日常生活の中でも、小さな変化や違いに気がつく感性があれば、大きな問題や事態になることを未然に防ぐことができます。

私が航空会社に入社し、客室乗務員訓練生として専門訓練を受けていたときのことです。

現在は訓練内容も訓練期間も変わっていますが、当時の国際線乗務員の訓練は、4か月ほどの長い期間、連日続くとても厳しい訓練でした。

客室サービスはもちろんのこと、お酒の作り方や時差計算、出入国関連の知識から赤ちゃんのミルクの作り方、メイクの仕方まで、多岐にわたる知識と技量を叩き込まれます。

その中でも一番厳しく指導されるのが、**日常の立ち居振る舞い**です。

廊下の歩き方やドアの開閉、階段の登り方まで厳しく指導されます。
そんな厳しい訓練の中で、今でも強く印象に残っている教官の教えがあります。

ある日、教室で座学訓練を受けていたときです。

20名の同期が、教室で学校のように机を並べて訓練を受けるのですが、ある机が少し曲がって並んでいたのです。

「そこ、机の位置が曲がっています！」と、厳しい教官の指摘が入ります。

曲がっているかいないかわからないくらいの曲がり方だと思いましたが、教官の指摘に従い机を整えます。

机の位置が少し曲がっているくらいで厳しく指摘するなんて、細かい教官だなあと思っていたのですが、それには訳があったのです。

教室内の机は、前後左右にきちんと並んでいる状態が普通であり、それが少しでも曲がっていれば、それは普通ではない状態、つまり異常であるということです。

お客様の安全を守る客室乗務員として、普段からその小さな異常に気づく感性を持ち、小さな異常を見逃してはならないという教えだったのです。

そして、小さな小さな違いに気がつくということは、保安要員として必要な感性であるだけでなく、お客様の様子や気持ちを察し、十分な心配りができるサービス要員として必要な能力でもあったのです。

小さな変化や違いに敏感であることは客室乗務員だけに必要なことではありません。

小さな小さな違いを感じ取る感性があれば、人の心も読めるはずです。

そういう人は、他者への気遣いや心遣いがごく自然にできるため、相手は心地よく、素直に心を開き、それが信頼へとつながっていくのです。

日常を通じて、小さな変化や違いは身の回りにいくらでも転がっています。

それをどう感じるかはあなた次第です。

季節の移り変わりや街に出回る旬の食材など、身近にある小さな変化を感じ取る習慣をつけてください。

その感性が人間関係を良好にし、ビジネスを成功に導いてくれるのかもしれません。

相手の「形」の変化から「心」の変化を読み解く

人の心の中は他者には見えません。
心は簡単には読めないものですが、心や気持ちが、相手に伝わることがあります。
心や気持ちが「形」の変化に表れるのです。
「形」とは、体のいろいろな部分のことです。
例えば、「目」。先の項目でも紹介しましたが、日本人は相手の目の表情に敏感です。
また、心の動きは視線にも表れます。
会話中、相手が一度も目を合わせてくれないと、どう感じるでしょうか。

一般的に、会話をしている相手と目を合わせないというのは、相手に対して懐疑的であったり、相手の存在を認めていないという無言の意思表示です。恥ずかしいから人と目を合わせられないというのは、ビジネスマナーとしても、社会人としても好ましくありません。

相手の目を見て話さない人や視線が泳いでいる人は、特別な意図がなくてもそれだけで相手から不信感を持たれ、どこか信用できない人という印象を与えてしまいます。本人には自覚がないことが多いので注意が必要です。

余談になりますが、頻繁に鼻や耳、髪を触る振る舞いには、嘘をついているという非言語の心が表れているといわれています。ただのクセかもしれませんが、誤解を招くこともありますので、注意しましょう。

そして、「腕」にも感情が表れます。

例えば人は心を閉ざすとき、腕を組みます。

話の途中で相手が無意識に腕を組み始めたら、要注意です。あなたの話が面白くないか、話を受け入れたくないか、否定したいか、何か身構えてしまうようなネガティブな感情が芽生えているサインです。

逆に、腕を組むことがクセになっている人は、相手が「自分は否定されている」という感情を抱いている場合もあるということを認識しなければいけません。ビジネスシーンにおいては、相手にネガティブな感情を抱かせるリスクは避けたほうが無難です。ビジネスマナー的にも、腕を組むことは失礼と思われることがあると言われるのには、こんな理由があるからなのです。

さらに「足」にも注意を払いましょう。

私の知人には、元刑事だった方がいますが、その方が言うには、犯人に取り調べを行う際、嘘をついているかどうかを足の動きで読み解くそうです。やましいことがある場合、「何もやっていない」と口では主張はするのですが、大抵つま先がそっぽを向いているというのです。

これは心理学でも言われていることですが、この場から早く逃げ出したいという気持ちが足の向きに表れているのです。

このように、**言葉を交わさなくても、相手のさまざまな体の「形」の変化には、「心」の変化が表れています。**

「ノンバーバルコミュニケーション」と言われる非言語の持つパワーは、言葉よりも強いメッセージを放っていることがあります。

そして、そこには誤魔化すことができない本音が隠されているのです。

相手の心変わりを敏感に察知し、それに応じた言葉がけや気配りを見せるだけで、相手は心を許し、あなたに信頼を寄せてくれます。

体の「形」の変化から「心」の変化を読み解くことができたなら、コミュニケーション力は格段にアップし、豊かな人間関係を築くことができるでしょう。

「相手のため」ではなく、「相手の立場に立って」から考える

私は現在、研修講師として全国の企業や官庁で、管理職研修や女性社員を対象にした女性活躍推進研修、キャリア研修などの企業研修を行っています。

また、航空会社で管理職乗務員として勤務した経験があることから、プライベートジェットの客室乗務員を育成する研修にも携わっております。

さまざまな企業からご依頼をいただくのですが、病院やクリニックからのご依頼が多い研修が、ホスピタリティ研修です。

そこで受講するスタッフからよく耳にすることがあります。

それが、「患者さんのため」に心配りをし、少しでも患者さんの不安を取り除きた

いという声です。真摯に患者さんと向き合い、ホスピタリティ精神あふれる志には、とても好感が持てます。

このように、ホスピタリティマインドの基礎がすでにできあがっており、患者さんのためにさらに上質な医療サービスを提供し、医療の品質を向上させたいというクリニックが多く存在することは、患者側からしても喜ばしい限りです。

では、「患者さんのため」ということは、どういうことなのでしょうか？

「患者さんのため」、強いて言えば**「相手のため」**という発想や行為には、実は大きな危険をはらんでいることがあります。

私が客室乗務員としてフライトをしていた頃、お客様のためと思ってやったことがかえって迷惑になり、お客様を不快にさせてしまった出来事があります。

足が不自由で車椅子をご利用のお客様を接客したときのことです。

国際線のフライトでしたので、途中化粧室をご利用されることが数回ありました。

そのため、出入りしやすいように化粧室のドアを固定したり、このお客様がご使用中は他のお客様がお使いにならないよう配慮したり、最大限お手伝いさせていただいたのですが、どうもご様子がおかしいのです。あきらかに不快な感情が表情に表れています。

いろいろ考えあぐね、恐る恐るお伺いしたところ、返ってきた答えが「自分でできることは自分でやります。手伝ってほしいときはお願いしますので」でした。

私なりに「お客様のため」と思って行ったことが、実はお客様の負担になり、かえって迷惑になってしまっていたのです。

これはさすがにショックでした。

「相手のため」にやったことが「相手のため」になっていない。そうであれば、それは相手にとっては大きなお世話、ただのお節介です。

「相手のため」にやってあげたのに！　とショックを受けるのは思い上がり、大きな間違いだと思い知らされました。

本当に必要なことは、「相手のため」ではなく、「相手の立場に立って」ということかもしれない、とそのとき気づいたのです。

日常生活やビジネスシーンにおいても、同じような状況は多々あります。よかれと思ってやったことが、実は相手にとっては迷惑であったり、不快であったりすることもあるのです。

そんなときは、落ち込んだり、逆に相手を恨んだりしてしまうこともあるのですが、ちょっと視点を変えて相手を観てみましょう。相手のためにと思って行動する気持ちがあれば、相手の立場に立って考えることはできるはずです。

その気持ちが相手に伝われば、相手はあなたの気持ちを受け止め、好感を抱いてくれるでしょう。

そのためにも、**まずは「相手のため」が「自分のため」になっていないか、一度立ち返って考えてみるといいのかもしれませんね。**

「相手を知る」ことからすべてが始まる

ビジネスパーソンの悩みの中で、一番多いと言われるのが人間関係にまつわる悩みです。人間関係の難しさは、自分の真意が相手に伝わらない、自分は誠心誠意相手に対応しているのにわかってもらえないというようなジレンマがあることです。

人間は自分勝手な生き物ですので、承認欲求があります。自分の主張が通らないときや認められないときは、少なからずネガティブな感情を持ってしまうものです。

しかし、ビジネスシーンにおいて、自分の主張ばかりを通そうとすると、人間関係はうまくいきません。

ビジネスシーンにおいては、**自分を知ってもらう前に、まず「相手を知る」ことから始めること**です。

最初に自分のことを知ってもらった相手は、次はあなたを知りたいと思うもの。人間の心理を理解していれば簡単なことですが、これがなかなかままならないのです。

「相手を知る」ことで重要なのは、答えを持たずに相手の話を聴くことです。

例えば、部下があなたに仕事の悩みを相談しにきたとします。

その悩みは、上司であるあなたも過去に経験したことでもあり、解決策も持っています。自分も通ってきた道ですので、部下の気持ちもよく理解できます。

そんな状況で、あなたは部下の相談をどんな態度で聴いてあげるでしょうか？

部下が話し始めたと同時に、口を挟んではいませんか？

そして、部下の話を最後まできちんと聞き終えないうちに答えを決めつけ、部下の話を聴いたふりになっていないでしょうか？

経験を重ねると、自分の経験値で判断することが多くなります。

自分の経験が相手の悩みの解決に役立つこともあれば、まったく違う知見からの解決策が必要なときもあります。

つまり、**自分の持つ経験や解決策ありきではなく、相手が何を悩み、どう考えているのかに真摯に寄り添い、きちんと理解してあげることが重要**なのです。

最初から答えを持って接してしまうと、相手の真意を理解することができません。それはこうであろう、そうであろうと勝手な解釈をしてしまうと、相手は心を閉ざしてしまいます。

大切なのは、まず「相手を知る」ことです。すべてはそこから始まります。

私がチーフパーサーとして乗務していたとき、決して仕事ができるとは言えない部下がいました。同じ失敗を何度も繰り返し、仲間の乗務員にも迷惑をかけています。あるフライトで、乗務員同士の連携ミスでお客様を怒らせてしまったことがあったのですが、そのとき私の頭にすぐ浮かんだのが、彼女でした。

「今度は何をしでかしたんだろう」とミスの原因がわからないうちから、お客様を怒らせたのは彼女のせいだと思い込んでしまったのです。

しかし、よくよく話を聴いてみると、お客様を怒らせたのは、他の乗務員の対応の悪さが原因でした。

これでは上司として信頼されるはずはありません。

この事件を機に、部下を色眼鏡で見るのはやめようと反省することができました。今でも彼女には、申し訳なかったと思うのと同時に、上司としてのあり方に気づかせてくれたことを感謝しています。


相手が誰であれ、まずは「相手を知る」こと。そして自分の価値観を一旦手離して相手に接すること。

これらを常に意識することができれば、人間関係は劇的によくなると確信しています。

観察力が察知力に変わるとき

人間関係を良好にするために、観察力を身につけるという観点からお伝えしてきましたが、観察力をさらにパワーアップさせ、初対面でも相手に心を開かせ、信頼につなげていくスキルがあります。

それが、**「察知力」**です。

「観察力」がよく観ることであれば、「察知力」はよく観て察すること。

察知とは、推しはかって知ることです。

推しはかるというのは、見当をつける、推測するという意味がありますので、**察知力は人の心を察して、相手の気持ちを推測し、それによって接し方を変えていく力**となります。かなり人間力が試される高度なスキルです。

私は25年間勤務した航空会社を退職後、外資系の保険会社で保険営業に携わっていました。

営業職は初めて経験する職種、しかも扱う商材は保険です。経験もない、ノウハウもない、人脈もない。ないない尽くしの状態で未知の業界に飛び込みました。

日本人の9割がなんらかの保険に加入しているというデータがあるほど、日本人は保険好きの国民です。であるにもかかわらず、保険の営業にはネガティブな印象を持つ人が多いのが現状です。

そんな厳しい現状ですので、保険の話を自らすすんで聞く人はほとんどいません。大抵、最初のアプローチで敬遠され、商談の場についてもらうだけで一苦労です。

どの業界でも、営業職は必ず営業成績が数字で評価されます。保険もしかりです。営業などしたことのない状況で不安を抱えながら営業デビューしたのですが、幸いなことに、私は初月、同期の中でトップの成績を出すことができました。

しかし、幸先よくスタートしたものの、すぐに壁にぶち当たりました。

同じように営業をしても、お客様からは新規のご契約を預かることができません。

徐々に成績も落ちていきました。


そこで、成績優秀なトップセールスの先輩営業パーソンに教えを乞うたのですが、そこで学んだのは、「保険を売らない」ということでした。

当時の私には目から鱗です。保険を売らない？　ってどういうことだろうと思いましたが、トップの営業パーソンは、**保険を売る前にお客様のご要望を詳しく聞き取り、お客様の気持ちを推測しながら対応していた**のです。

まさに「察知力」の発揮です。


多くのお客様が持つ保険に対するネガティブな感情や、お客様が今置かれている現状、想定でき得るリスクを察した上で初めて、提供できる最適な保険を提案する。

こうした察知力を身につけ、それを発揮できれば、お客様からの信頼は劇的に変わります。

相手の気持ちを推しはかる気持ちの裏には、思いやりがあるからです。

善意の押し付けや、自分の都合だけを考えるのではなく、真に相手の立場に立って、相手をおもんぱかる気持ちを持って接すれば、その気持ちは必ず相手に伝わります。

察知力を身につけるためには、まずは観察力を身につけることです。それは、相手をよく観ることから始まります。

相手をよく観て、相手のことがわかり始めたら、興味を持って接してください。そうして興味を持ち、好意的に接していくと、相手の気持ちや状況をおもんぱかる気持ちが芽生えてきます。それが、観察力が察知力に変わる瞬間です。

相手のことを推しはかれる察知力を持つ人は、周囲から親しまれ、信頼され、愛される存在です。

察知力はあなたのビジネスを助けてくれるだけでなく、人生も豊かにしてくれる強力な武器になるのです。

直感を信じて直感を疑う

皆さんは、物事を始めるときや決断するとき、直感を信じて行動していますか？

私は、直感で思ったことは、迷いなく突き進みます。

１００％その通りになるわけではありませんし、大失敗する場合もあるのですが、それはそれで割り切り、自分の直感を信じて行動するタイプの人間です。

初対面で人とお会いするとき、なんとなく「この人は好感が持てる」「ウマが合いそう」とか「この人はなんとなく苦手」など、日常生活のなんでもないシーンにおいても、相手のことが好きか嫌いかは直観で判断することがあります。

この「なんとなく」という感覚が直感です。

対人関係においては、直感が働き、その直感が当たっていたということが多々あります。

例えば、初対面で「なんとなく危ない感じがするから、近づかないようにしよう」と警戒した相手が、仲間内でも信用されていない人だったなど、人間にも動物的な直感が備わっているのかもしれません。

逆に、「最初はいい人だと思ったのにだまされた」というようなケースもあるでしょう。

あくまでも直感は直感ですから、当たることも外れることもあるでしょうが、いずれにしても直感を働かせることがまずは大切です。

こうした感性や直感は、歳とともに鈍っていく傾向にありますし、ビジネスにおいては、すべてを直感だけで片付けることはできません。

しかし、直感がときにリスクを事前に回避することの助けになってくれることもあります。

例えば、飛行機内での緊急事態は、突発的に起こることもありますが、何らかの予兆があることも多いものです。

そうした予兆は、まさしく直感で感じ取る必要があります。

「いつもとエンジン音が違うかも?」「何か焦げ臭いにおいがする」など、ほんの些細な違いを感じ取るのは、直感です。

この時点では、異常が起こっているのかどうかは判断できないのですが、この直感を信じて機長に連絡します。

単なる気のせいかもしれませんし、勘違いかもしれませんが、勇気を持って機長に連絡するのです。

そのほとんどは、異常事態ではなくいわゆる客室乗務員の勘違いで終わるのですが、一度だけ客室乗務員からの報告でエンジンの異常が見つかり、空港に引き返したケースがありました。

これは、直感を働かせ、直感を信じて行動することの大切さを身に染みて感じたケースです。

直感は当たることもありますが、大きく外れることもあります。

直感をただの運試し程度にとらえ、笑い話で済むようなことであれば、それでもよいのですが、ビジネスにおいては大きな問題になることもあります。

自分の直感を大切にしつつ、一方でその直感を疑う別の自分がいなければいけません。

第3章

徹底的に礼節をわきまえる

「外見よりも中身が大事」の誤解

企業で部下を持つ管理職を対象にした研修において、「身だしなみも大事だけれど、外見より中身が大事です」というご意見をよくいただきます。

たしかに、中身が大事なのは言うまでもありません。

ただ単に仕事ができるということだけでなく、品性や人格、他者への配慮など、内面的な要素で判断することが重要であることは、今も昔も変わりません。

しかし、今の時代にそれだけで勝負できるかといえば、決してそうではありません。

一般的には、**外見で判断されることも少なくないのがビジネスの世界**です。

ひと昔前、特に年齢層の高い男性は、外見よりも中身が大事だと主張するあまり、外見を気にすることをよしとしない風潮がありました。

50代で会社を経営している知人男性は、若い頃上司によくこう言われたといいます。「中身がきちんとしていれば、服装や身だしなみは二の次。男は眉間に皺を寄せているくらいがちょうどいい」

そして笑顔でいようものなら「男がヘラヘラ笑うんじゃない」と怒られたそうです。

現在では考えられないことですが、当時は「男は黙って仕事をする」ということが美徳として考えられていたのかもしれません。

私が客室乗務員としてフライトしていた20代の頃も、年配のビジネスパーソンはこちらから挨拶をしてもニコリともしない仏頂面のお客様が多く、恐る恐る話しかけていたことを思い出します。

外見とは、服装などの装いだけでなく、笑顔や表情など、いわゆる人からどう見られるかという「見た目」のことです。

外見を整えることがすべてではないにせよ、「中身がよければどんな外見でも許される」というのは、大きな誤解です。

なぜなら、**いくら中身が素晴らしくても、その中身に相応しい外見がともなっていないと、人はあなたを信頼しない**からです。

例えば、客室乗務員の場合、いくら素晴らしい気配りができ、丁寧な接客ができたとしても、前髪が目にかかり、しょっちゅう髪を手でかき上げていたらどうでしょう。真っ赤なマニキュアをした長い爪で食事を出されたらどう感じるでしょうか?

実際に、髪を手で触ることの多い客室乗務員や爪の長い客室乗務員には、「食事を扱うのに髪を触るのは不潔だ」「長い爪でサービスされるのは不快だ」というお客様からのお叱りのコメントが寄せられます。

サービスの技量が高くても、安心、安全、快適を提供する客室乗務員としての外見がともなっていないと、お客様には満足いただけないのです。

これは客室乗務員に限ったことではありません。

特に役職につくような人は、立場に相応しい外見が信頼を得る条件になります。

「部長は仕事はできるんだけど、どこか頼りなさそうに見える」とか、「言っていることは正しいんだけど、どこか信用できない」などと言われる人は、もしかしたら中身と外見がチグハグな印象を与えているのかもしれません。


中身を見てほしければ、まず外見から整える。

これがビジネスパーソンとして信頼を得る鉄則です。


時代は大きく変わり、現在では男性もメイクをする時代になりました。

装いだけでなく、お肌のお手入れや髪のカラーリングなど、男女問わず、見た目の良し悪しを気にする人が多いのが現状です。

そんな時代においては、外見と中身のほどよいバランスを保てる人が、信頼を勝ち取ることができる人なのかもしれません。

信頼を得るためには礼節が不可欠である意味

人は生まれた瞬間から、親からたくさんの愛情を注がれ、お腹が空くとミルクを与えられて育ちます。そして、人として自我が芽生えてくる頃に行われるのが教育、いわゆる「しつけ」と言われるものです。

子どものしつけは、日常生活の中で危険か安全かを自分で判断することができるよう教えることから始まり、人としての礼儀に行きつきます。

つまり、きちんと返事ができるか、挨拶ができるか、公共の場で騒いだり人に迷惑をかけないようにできるかなど、公共の場で相手を気遣い、おもんぱかることができるようになるための礼儀を教え込まれます。

礼儀は、社会生活において人間関係を良好に保つ潤滑油の役割をしてくれます。

子どもの頃から礼儀をしつけるのは、そのためです。


「すごく仕事はできるんだけど、ちょっと失礼だよね」

「いつも礼儀正しくきちんとしてるよね、仕事ではちょっとミスがあるけど」

こう言われたとき、皆さんはどう感じるでしょうか？

仕事ができると評価されても、人としての評価が低いと信頼は得られません。

逆に、仕事で多少ミスがあったとしても、普段から礼儀正しいと評価されていれば、周囲からかわいがられ、人はあなたに信頼を寄せます。


これは経営層を対象にした部下のマネジメント教育においても、よく聞かれます。

仕事はできるに越したことはないが、仕事の出来不出来よりも、礼儀をわきまえて社内外の人間関係を良好に築ける人材を育てたいという管理者が多いのです。


接客業である客室乗務員には、礼儀正しさが厳しく求められますが、常に敬語で話すことは、最低限の礼儀です。
お客様に対してはもちろん、乗務員同士の会話においても、お客様がいらっしゃるところでは敬語で話さなければいけません。いつも一緒にフライトしている仲間でも、お客様の前では、「ちゃん」付けで呼ぶことはありません。

しかし、ときにはカジュアルな言葉遣いや、馴れ馴れしい話し方になってしまい、お客様からお叱りを受けるケースもあります。どんなに丁寧にサービスをしても、言葉遣い一つでお客様に不快な思いをさせてしまうことがあるのです。

一方で、お客様からお褒めのコメントをいただく乗務員に共通しているのは、常に節度をわきまえてお客様と接している「礼儀正しい」乗務員です。

特別なことをしなくても、常に丁寧な言葉遣いで話し、一定の距離を保ちながらも相手に敬意示す礼儀正しさがあれば、お客様からの信頼を得ることができるのです。

礼儀は、同じニュアンスで使われることが多い「作法」とは少し違います。

例えば、「作法を知らない」と言われれば、単にやり方や知識がないことを意味しますが、「礼儀を知らない」というのは、単にやり方や知識を知らないだけでなく、相手への敬意や一般的な社会常識がないという意味まで含まれます。

礼儀を知らない人と言われるのは、作法を知らない人と言われるより辛辣です。

このように、人から信頼される条件の一つとして、「礼節」は不可欠です。

知識があっても、やり方を知っていても、最後に問われるのはマインドです。

ここでの**マインドとは、相手への敬意や慎み深さ**のことです。それが礼節という形になって表われます。

日常生活において、誰に対しても丁寧な言葉遣いで、慎み深く、敬う気持ちを持って接していれば、礼儀正しさは自然と身につきます。

言うは易《やす》し、行うは難《かた》し。

それを実践し続けていく先に、人からの信頼を実感できる日が来るのです。

礼儀と礼節の違い

私は「礼節」と聞くと、「衣食足りて礼節を知る」ということわざを思い出します。これは中国の古典『管子《かんし》』に由来する故事です。

人間は、生活に必要な衣類や食事を十分に得ることができて初めて、礼儀や節度をわきまえるようになるという意味で使われています。

つまり、**日々の生活に余裕がなければ、礼儀や他者を思いやる気持ちは生まれない**ということを意味します。生活基盤が整って初めて、人への礼節が生まれるのであれば、礼節というのはとてもハードルが高いものです。

一方、礼儀はそんなに堅苦しいものではありません。

隣にいる人が誰であれ、**ちょっとした配慮を示す気持ちが礼儀**です。

社会は知り合いだけで成り立っているものではありませんから、知らない人同士でも安心して過ごすことができるよう社会にはルールがあり、常識があり、礼儀があって、秩序が保たれています。そのため、礼儀は大切なのです。

では、礼儀正しければそれでよいかというと、実はそうではありません。

客室乗務員時代、とても美人で仕事もできる後輩がいました。

彼女が客室に出ると、パッと花が咲いたようにその場が明るくなり、お客様も目を留めるほどの華やかさがあります。

サービス時の立ち居振る舞いもそつがなく、とても洗練されています。勉強熱心で、業務知識も豊富、言葉遣いも丁寧で美しい。

客室乗務員になるために生まれてきたかのような彼女なのですが、お客様の評価はあまりよくありませんでした。

ある日、お客様から彼女を名指ししたお叱りのコメントをいただきました。

その内容は、彼女の対応は的確で、こちらの質問には丁寧にきちんと答えてくれたが、どこか見下されているように感じた。そんなことも知らないのかと言われているような感じで、冷たくあしらわれた、というようなご意見でした。


彼女の日頃の仕事ぶりから、決してそんな対応をするような乗務員ではないのですが、お客様にはそのように映ってしまったのです。

それは、礼儀と礼節のとらえ違いをしていたからなのでした。


例えば、言葉遣い。

彼女のように常に丁寧で正しい敬語を話すことは、接客業に携わる客室乗務員としては完璧に見えるのですが、度を超えた丁寧さは逆効果になることがあります。

それが、**慇懃《いんぎん》無礼**というものです。

あまりにも丁寧すぎると、かえって誠実さに欠け、嫌味にとられてしまうのです。

うわべはとても丁寧なのですが、それが裏目に出ると尊大な印象を与えてしまい、お客様が見下されていると感じてしまったのです。

「礼節」とは礼儀と節度です。

ただ礼儀正しければよいということではなく、節度をわきまえた礼儀正しさがないと、つまり、不必要に丁寧すぎると、本人に悪気がなくても相手に失礼だと思われてしまうこともあるのです。

慇懃無礼な言動は、場合によっては見下した相手に悪意を持って意図的に使われることもありますので、注意が必要です。

このように、礼儀と礼節は似ているようで非なるものです。**節度を越えて丁寧すぎると慇懃無礼になり、節度を越えて礼儀を欠くとただの無礼になります**。

相手に対し礼を尽くす気持ちがあるのであれば、誤解されたり嫌味ととられるような振る舞いは見直さなければいけません。

礼儀と礼節の違いを制することが、周囲の信頼を得るかどうかの境目になるのです。

「礼儀正しい」には思わぬ落とし穴が潜んでいる

ビジネスパーソンとして、「礼儀正しい」と評価されることは、最大の褒め言葉です。

礼儀正しさは人としての品位の表れでもありますので、そこを評価されたということは、ビジネスパーソンとして自信にもつながります。

「礼儀正しい」ということは、よい評価には違いありませんが、気を付けないといけないことがあります。

前節でも述べましたが、度合いが過ぎると、ときに慇懃無礼と思われてしまうことがあるからです。

私の後輩がお客様からお叱りのコメントをもらった例をご紹介しましたが、本人は真面目に丁寧に対応しているだけなのに、その態度がお客様を見下しているように見える、無礼だと言われたらショックは相当なものです。

それが、「礼儀正しい」の大きな落とし穴です。

慇懃無礼ととられてしまう一番の要因は言葉遣いですが、所作にも顕著に表れます。

例えばお辞儀です。

日本人の礼儀として、挨拶や謝罪の場面、またお礼を伝えるときには言葉と同時にお辞儀をともないます。

深いお詫びをするような場合、腰を折り深々と頭をさげることもあるのですが、ちょっとした謝罪をするようなときや親しい間柄でお詫びをするようなときに、必要以上に深々と頭をさげると慇懃無礼に映ることがあります。

本人は心からお詫びをしたいのでしょうが、それが裏目に出てしまうのです。

私は商談でホテルのラウンジをよく利用するのですが、ラウンジのスタッフにも似たようなことを感じることがあります。

何かあるたびにお辞儀をするのはよいのですが、いちいち肘を90度に曲げて手をおへその前で組み、45度に腰を曲げるお辞儀を繰り返す。

これはさすがにこちらが恐縮してしまいます。

相手に慇懃無礼と思われてしまうと、よい印象を持たれることがないばかりか、信頼も得ることができなくなってしまいます。

礼儀正しさには、よい塩梅のバランスが必要です。丁寧すぎるのも、くだけすぎるのもいけません。

では、よい塩梅の礼儀正しさはどうすれば実践できるのでしょうか？

それは、**相手をよく観察し、相手によって柔軟に言葉や態度を変える**ことです。

同じ会話をするにしても、最初から最後まできちんとした敬語で話してほしい人もいれば、敬語で話を続けられると他人行儀に思えて窮屈に感じる人もいます。

相手を知ることは、良好な人間関係を築くうえで最も重要です。

第2章でもお話ししたように、ビジネスシーンにおいて、人間関係を円滑にし、信頼を得るためには、相手を知る感性が不可欠です。

礼儀正しくあることは大切なことですが、誰に対しても紋切り型のように礼儀正しくすることは、ときに誤解を生む原因になります。

「礼儀正しい」には、思わぬ落とし穴があること、そしてその落とし穴に落ちないよう、相手を知る目と感性を養うことが重要です。

礼節をわきまえるだけで、9割の信頼を得ることができる

初対面の人とお会いしたとき、相手がまだどういう人かがわからない段階で、これから一緒にビジネスを進めていいかどうかの判断基準になるのが「礼節」です。

人がよさそうには見えるけど、冷たい人かもしれません。

一見強面に見えるけど、実は誠実で優しい人かもしれません。

会話以前に、**ビジネスの一次面接を突破するのは、礼節をわきまえている人**です。

当然のことながら、礼節をわきまえない人は、面接を突破することはできません。

それはビジネスにおいて、相手にされないことを意味します。

航空会社に勤務していたとき、管理職乗務員として客室乗務員の採用面接官をしていました。

緊張の面持ちでインタビューに答える若き応募者の初々しい姿を見るたびに、自分自身の採用試験のことを思い出したものです。

幼い頃から憧れていた会社の客室乗務員になるための試験でしたから、そのときの状況は今でも鮮明に覚えています。

面接官として応募者に接する際、採用の一番の決め手になるのは客室乗務員としての適性があるかないかです。

接客業は不特定多数のお客様を相手にするサービス業です。

いくら本人が希望したとしても、適性がなければ客室乗務員にはなれません。

接客業に向いているかいないかを見極めるときに大きなポイントになるのは、接客に相応しい礼儀正しさがあるかどうかです。

例えば、入室時の態度です。

グループ面接においては、4～5人の応募者が一緒にインタビューを受けるのですが、他の応募者とのやりとりやグループの中での振る舞い方などを細かく観察します。**一瞬のスキに人となりが見える**からです。

応募者の多くは、事前に想定質問への答えを用意し、頭の中は自分の受け答えのことしか考えられない状態だと思います。

しかし、そうした状況でも、どれだけ他者への配慮ができるかが決め手になります。

自分の番が終わったら、他の人の話を聞かず上の空。

聞いているふりはするものの、まったくタイミングの合わない相づちを打つなど、自分が話をしていないときの態度に素が出るのです。

客室乗務員は、常に周囲への配慮が求められます。

どのような状況に置かれても、状況を見極め、配慮することが求められるのです。

特に緊急事態においては、極度の緊張の中でも冷静さを失わず、周囲の状況を判断する対応力が必須です。

自分の発言が終わった途端、安心して他の人への配慮に欠けたり、礼を欠いたりするような振る舞いでは、客室乗務員は務まりません。

意外と本人は気がついていないのですが、そういう振る舞いは目立つもの。

プロの面接官の目は簡単にはごまかせません。

その反面、礼儀正しく礼節が身についている人は、大勢の中でも際立ちます。

きちんとした身だしなみに美しい姿勢、そして周囲の人への目配り、気配りを欠かしません。いかなるときでも、他者への気遣いをともなう礼節が身についている人は、一目置かれます。

まずは、**身近な人に礼儀正しく接することを習慣にしてみてください**。

言葉遣いやちょっとした気配りを習慣化するだけで、周りの反応が変わりますよ。

自己満足より他己満足が信頼のベースになる

皆さんは、マズローの欲求階層説をご存じでしょうか？
人間の欲求は五つの段階に分類されるという、アメリカの心理学者アブラハム・マズローが提唱した学説です。

マズローの欲求階層説によると、人間の欲求は、まず睡眠や食事など生命を維持するための「生理的欲求」が一番のベースになり、それが満たされると次の「安全欲求」「親和欲求」「承認欲求」へと徐々に高い次元に欲求が高まり、最後は「自己実現欲求」という5段階のピラミッド型になっているといいます。

この学説の基本には、人間はピラミッドの頂点にある自身の自己実現のために行動するという前提があります。

そう考えると、人間はどこまで行っても100%満足することはなく、次から次へと欲求が出てくる欲深い生き物であることを実感します。

そんな人間の持つ五つの欲求の中に、**「承認欲求」**があります。

基本的に、人は誰しも自分が大好きです。人の話はあまり聞かないが、自分の話はいつまでもする。それが人間の本来持つ承認欲求です。

人は本能に素直なとても可愛い存在でもあるのですが、実際のビジネスシーンにおいては、そうも言ってはいられません。

航空会社を退職後、保険業界には7年間お世話になったのですが、保険営業の業界は航空会社とはまったく異なる初めての世界でした。

常に成績が数字として突きつけられる、やりがいがあると同時に厳しい世界です。

業績が振るわず、すぐに辞めていく人も多いのが実情ですが、そんな厳しい環境でもお客様から信頼され、常にトップクラスのセールスパーソンがいました。

保険営業で成功している人は、どんな話法で営業しているのだろうと興味を持って観察しても、特別なところは見つかりません。

話し方も特別流暢ではなく、飛びぬけたイケメンというわけでもありません。

でも、彼には紹介が途切れません。

常にお客様からの紹介が入り、商談の機会には事欠かないのです。

彼が絶大な信頼を得ていた理由は、日常の態度に表れていました。

営業に携わる人は、社交的で饒舌な人が多いのですが、彼はどちらかといえば寡黙で、話すよりも聴くタイプ。「自分が、自分が」と話を進めることが一切ないのです。

営業手法として意図的にそうしていたかどうかはわかりかねますが、**お客様の話に徹底して真剣に耳を傾けることで、お客様の承認欲求を満たしていた**のです。

営業の締切が迫っていたり、どうしても売りたい保険があるときは、知らず知らずのうちにゴリゴリと話を進めてしまったり、あせりが顔に出ることもあるものです。

でも彼は、どんなときでもゆっくりとお客様に寄り添い、しっかりと話に耳を傾けていました。それがお客様の満足度を高め、揺るぎない信頼となり、途切れない紹介へとつながっていたのです。

まさしく、自己満足よりも他己満足を優先した結果でした。


人は何かをしてもらったとき、お返しをしなければ！　という気持ちが働きます。いわゆる返報性の原理です。

誰もが持つ「承認されたい」という欲求が満たされたとき、相手は自分を承認してくれた人のことを承認します。それが信頼のベースになっているのです。

まずは、目の前にいる人の満足を一番に考え、さりげなく承認欲求を満たしてあげること。

それが信頼される第一歩になるのです。

礼節をわきまえるとは、当たり前のことを当たり前にできること

人は大人になるにつれて、当たり前が当たり前でなくなることがあります。歳を重ねていくと、当たり前のことが必要でないと勘違いしてしまったり、当たり前のことが当たり前にできていないことを正当化してしまったり、大人のずるがしこさが出てきてしまうことがあります。

最近、電車内で高齢者が目の前に立っていても堂々と優先座席に座り続ける人や、優先座席で携帯電話を使用している人が目につきます。

他人からは健康そうに見えていても、体が不自由な人や具合が悪い人が利用していることもあるでしょう。

一概には言えませんが、見知らぬ人への思いやりが足りないのか、周囲を見る余裕がないのか、考えさせられることがあります。

先日、仕事先に向かう途中、いつも利用する沿線の車内で驚くような光景を目の当たりにしました。

電車が走行中、ドア近くに立っていた女性が突然しゃがみこんだのです。顔色が蒼白でいかにも具合が悪そうです。私は少し遠くに立っていたので、すぐに駆け付けることはできなかったのですが、女性がしゃがみこんでも周りにいた人は見向きもしません。明らかに気がついているのに、知らん顔です。

私は元客室乗務員という仕事柄、乗客の安全を守るという習性が身についています。無意識のうちに女性に近づき、気がつくと声をかけていました。ちょうど同じタイミングで、年配の女性が近づいてきて、私と二人でしゃがみこんでいる女性を介抱し始めたのです。

しかし、残念なことに、座席を代わろうとする人は一人もいませんでした。

しゃがみこんだまま次の駅に到着し、その女性は電車を降りて行ったのです。

近くに優先座席はなかったとはいえ、そうでなくても席を譲る人がいてもよいと思うのですが、それがなされなかったことに対して、軽いショックを覚えました。


電車で座席を譲るということは、人によっては意外と勇気がいることなのかもしれません。

普通にできる人もいれば、見ず知らずの人に話しかけるのは躊躇われる、「結構です」と無下に断られたらどうしよう、恥ずかしいなぁと思う人もいるかもしれません。

そんな気持ちを理解したとしても、驚くような現実が、そこにはありました。


人としての礼節は、当たり前のことが当たり前にできることです。

そして、そのベースは思いやりです。特別難しいことではありません。

これは知人や友人だけに対して行うことではなく、見ず知らずの人に対してこそ行わなければいけない振る舞いです。

具合の悪い人がいたら援助をする、困っている人がいたら手を差し伸べるなど、人道的にも、マインド的にも当たり前の行為が礼節の基本です。

単に丁寧な言葉遣いで丁寧に人に接するということだけではなく、相手に対して敬意や感謝の気持ちを持って、礼儀正しく振る舞うことが重要です。

礼節をわきまえるという振る舞いは、自分本位であってはならないのです。

多様性を認める時代、当たり前の概念が異なる世代が共存しているのが社会です。**ときとして世代間で理解や考え方が違うこともありますが、人として大切なことは、時代を超えてもそう大きく変わることはありません。**

そのような、人として普遍的に大事なことが礼節なのです。

礼節をわきまえるということを、堅苦しく考えることはありません。

隣にいる誰かの存在を認め、ほんの少しの優しさを持って当たり前のことを当たり前にする。それだけでよいのです。

大人になるとできなくなる三つの当たり前

私が行う研修は、参加型が基本です。

講師が一方的に話すのではなく、受講者がメインになってワークやロールプレイを行ってもらうのですが、最近とみに感じることがあります。

意見を求めたり、問いかけたりしても、反応が薄いことが多いのです。

ゲームやアトラクションを取り入れると、その場は盛り上がるのですが、少し真面目に問いかけると、恥ずかしそうに苦笑いをしてその場を取り繕う人もいます。

そういう受講生ほど、きちんと自分の意見を言えるようになってほしいので、あえて指名するのですが、なかなか単発の研修では効果が出ないのが実状です。

このことに代表されるように、**大人になるとできなくなる当たり前が三つあります。**

それは、**「挨拶」「感謝」「笑顔」**です。


「挨拶」は、**「あかるく」「いつでも」「さきに」「つづけて」**と語呂合わせでいわれるように、**これらの要素がすべてそろって初めて「挨拶」になります。**


暗い表情でボソボソと言っても、相手は気持ちよいとは思いません。

また、気が向いたときだけだったり、部下や後輩から挨拶してこない限りこちらからは挨拶をしなかったりするのは、挨拶とはいえません。

相手から先に挨拶をされて返すのは、挨拶ではなくただの返事です。

相手が誰であれ、「明るくいつでも自分から先にを続ける」。この条件を満たすものが「挨拶」なのです。


子どもの頃は当たり前にできていたことなのですが、大人になるといつの間にかできなくなっているものです。

まずは、一番近くにいる家族からきちんと挨拶をしてみてもよいかもしれません。

二つ目は、「**感謝**」です。

何かをいただいたり、ご馳走になったりしたときには、当然「ありがとう」の気持ちを言葉にするのですが、相手のほんの些細な気遣いに対してはどうでしょうか？

例えば、部下が書類をきちんとそろえて手渡してくれたときや、自発的にコピー用紙を補充してくれている同僚に対してなど、日常にあるほんのちょっとしたことに対して、「ありがとう」ときちんと言葉にして感謝を伝えているでしょうか。

感謝の気持ちは持っていても、「ありがとう」の言葉を忘れてしまう大人は意外と多いですし、言葉にしないと伝わらないこともあります。

「ありがとう」は、それだけで相手を幸せにする言葉です。

自分がどのような立場であっても、人から何かをしてもらったときには自然に感謝の言葉を口にする。そんな人はとても魅力的です。

三つ目は、**「笑顔」**です。

人は、楽しいときには笑顔になります。

これは当たり前の現象ですが、初対面であれ既知の仲であれ、**人に接するときに意外と意識しないのが「笑顔」**です。

特に、日本人は表情があまり豊かではありません。

感情を素直に表情に出すことが少ない国民性でもありますが、悪気もなく、怒っているわけでもないのに、歳を重ねると仏頂面になっていく人も多いものです。

いつもしかめっ面をしている子どもはいないのに、大人になるにつれて表情が乏しくなり、いつの間にか笑顔を忘れてしまうのは悲しいことです。

当たり前のことが当たり前にできなくなる大人が多いからこそ、そうしたことをごく自然に、当たり前にできる人が一目置かれる存在になります。

そしてそれらが積み重なって、信頼に変わっていくのです。

ファーストクラスのエグゼクティブに見る礼節

ファーストクラスにはさまざまな業界のＶＩＰがご搭乗になります。

誰もが知る著名人もいれば、そうでない人もいらっしゃいますが、共通していることは、社会的地位と経済力があることです。会社の経営者や創業者、大企業の役職につく、いわゆるエグゼクティブと呼ばれる人たちです。

エグゼクティブというと、仕事ができてスマートな対応をする人と思われがちですが、そんな素敵な人ばかりではありません。

自分はお客様だと言わんばかりの横柄な人や、思わず眉をひそめてしまうような下品な人も少なからずいらっしゃいます。

言葉遣いも乱暴で、客室乗務員を召使いのように扱う人も。

相手はお客様ですので多少の理不尽な振る舞いは我慢するしかないのですが、度を超えた要求や威圧的な言動は、対応に困ってしまうこともあります。

一方で、**社会的に地位の高い人の多くは、自分が周りからどう見られているか、そしてその見られ方がどんな影響を及ぼすかをよくご存じです。**

それを理解している人は、おのずと人に対する接し方が変わってきます。

ファーストクラスに乗る人がいかにも優れていて、振る舞いも人格も完璧であるかのような論調には大いに異論がありますが、社会的な振る舞いを身につけているという点においては、見習うところが多いのは事実です。

相手がどう思うかや、周囲に不快な思いをさせないということを超えて、相手を自分のファンにするほどの立ち居振る舞いは、究極のビジネススキルといえるでしょう。

例えば、アイコンタクトです。

話しかけるときはもちろんのこと、要所要所で相手と目を合わせ、会話の最後にはきちんと相手の目を見て会話を終わらせるラストアイコンタクトができていること。

これは客室乗務員が必ず指導される接客の基本でもあります。

会話の最後に相手の目を見るというのは、相手に対して気持ちを残すという意味があり、相手に丁寧に接しているという意識の表れでもあります。

必ずしも相手と目が合うとは限らないのですが、相手がどうであれ、最後にアイコンタクトを心掛けることはビジネスマナー的にも優れているのです。

エグゼクティブの中には、アイコンタクトが自然にできる人がいます。

特に、**ラストアイコンタクトがさりげなくできる人は、コミュニケーション上級者**です。それだけで、相手はきちんと対応してもらっていると感じ、好印象を抱きます。

たったそれだけのことなのですが、それが礼節です。

いかにも「してやった感」を出さず、あくまでもさりげなく相手の存在を認め、尊重する。その気持ちがラストアイコンタクトには込められています。

これはファーストクラスのお客様に限ったことではありません。

どのクラスのお客様でも、こちらが何かを提供した際に、必ず目を合わせて「ありがとう」とおっしゃるお客様にはとてもよい印象が残ります。

特別な言葉は必要なく、例え言葉を発しなくても、最後のアイコンタクトですべてが伝わるのです。

礼節は相手への心遣いが形になって表われるものだと考えると、アイコンタクト、とりわけラストアイコンタクトは究極の礼節なのかもしれません。

アイコンタクトは、日頃の生活の中でも簡単に取り入れられる振る舞いです。

ちょっとした最後の目線合わせ、意識して習慣にしてみてはいかがですか？

海外で称賛される日本人の礼節

数年前、サッカーワールドカップの試合後、日本人サポーターがスタジアムのゴミを拾う光景が海外メディアで取り上げられ称賛されました。

外国人が、公共の場でゴミを片付けるのは清掃業の仕事と割り切って考えるのに対し、日本人サポーターが自分の出したゴミだけでなく、サポーター全員で周辺のゴミを片付ける姿は、驚き以外の何物でもなかったのではないでしょうか。

サポーターだけではなく、日本代表選手たちも試合に負けたにもかかわらず、ロッカールームをピカピカに磨き上げて後にしたという報道がなされました。

これも外国人には考えられない行為として海外メディアに大絶賛されました。

また、現在アメリカで活躍するメジャーリーガーたちの振る舞いにも注目が集まっています。お辞儀パフォーマンスに始まり、最近では審判に対する礼儀正しい振る舞いや敵チームの選手たちへの気遣いにも称賛が集まっています。

海外のスポーツ界は結果がすべての完全実力主義です。人として少しくらい道を外していても、実力があればある程度は世間も大目に見てくれます。

礼節は二の次の実力世界で、実力を超えて、日本人の礼節が世界で絶賛されていることは喜ばしい限りです。

コロナ禍が終わり、インバウンド需要が大きく増える中、オーバーツーリズムが問題視されるほど外国人旅行者が大幅に増加しました。

ここは日本？　と思うほど外国人で占められている都市もあります。

そんな**外国人旅行者が一様に驚くのが、日本の治安のよさ**です。

夜中でも女性一人で外出できる治安のよさは、昔から驚きを超えて称えられていますが、最近ではレストランでの振る舞いも注目を浴びています。

多くの人が集まるフードコートのように、自由に席を確保して食事をいただくような場所で、席を確保するために荷物を置いたままにしていることが見受けられます。

日本人としては普通の光景ですが、外国人にとっては衝撃の光景です。

なぜなら、荷物を置いたままにする行為は、盗んでくださいと言っているようなものだからです。外国なら瞬時に盗まれてしまいます。

しかし、日本では、めったに盗まれるようなことはありません。


お財布を落としたとしても、比較的高い確率で戻ってくる国は日本だけです。

偶然見つけた見知らぬ人が、わざわざ届けてくれるからです。

外国ではほぼ１００％、落とした財布が手元に戻ってくることはありません。


その他にも、公共のトイレが清潔で綺麗な状態が保たれていること。

電車やバスを待つときには整列して横入りをしないこと。

雨の日には買った商品に雨よけのカバーをかけてくれること。

駅の構内や街中には当たり前のように点字ブロックが敷き詰められていること。

電車内では通話はしないことなど、外国人から称賛されている点が多々あります。

このように、海外で評価が高い日本人の国民性のベースになっているのが、「礼節」です。礼儀と節度、まさにおもてなしの心なのです。

さまざまな機関によって行われている、外国人が持つ日本人に対する印象の調査でも、礼儀正しさと信頼感、綺麗好きが常に上位を占めています。

外国人が礼節に欠けるとは思いませんが、**日本人には外国人が理解できないレベルで周囲を思いやる気持ちが根付き、それが「和」という協調性になって国民性を築いています**。これは、多くの外国人が驚く日本人の**公徳性**です。

礼節を考えるとき、日本人の素晴らしさを改めて感じます。

海外で誤解される日本人の礼節

客室乗務員時代、訓練部で教官を務めていたことがあります。

大学を卒業したばかりの訓練生を客室乗務員として育てるだけでなく、外国人訓練生を日本の航空会社で通用する客室乗務員に育てることも任務の一つでした。

世界各地に外国人乗務員基地があり、現地で採用された客室乗務員の卵たちが東京の訓練センターで2～3か月にわたり訓練に入ります。

日本語もよく理解できない、生活様式にもなじみのない外国人訓練生が、長期にわたり集団生活を強いられ、徹底的に日本のサービスやおもてなしの心を学びます。

今ではよい経験になりましたが、当時は教官としても苦労が絶えず、彼女たちにどう接し、どう指導していけばよいのか、悩みが多い毎日でした。

私が外国人のクラスを担当したのは、12月の寒い時期、クリスマスや年末年始のイベントが多い時期でした。日本人の常識として、新人として入社し訓練を受けている立場であれば、会社の業務を優先するのが当然です。

個人的な所用は二の次、就業時間内は会社の業務優先が常識です。

でも彼らの常識は違っていました。

訓練中にもかかわらず、1週間のクリスマス休暇を要求してきたのです。

特にヨーロッパではクリスマスには家族とともに過ごすことが当たり前、彼らにしてみればクリスマスは1年でもっとも大切なイベントです。

初めて日本人との感覚の違いを思い知らされました。

大人っぽく見えても、まだ20代前半の女性たちです。クリスマスに帰省できないことからホームシックになり、半べそ状態になる訓練生もいました。

しかし、いくらベソをかいても、訓練を中断することはできません。なだめになだめて訓練を続けました。

この一件以来、外国人と一緒に仕事をすることについて、文化や生活様式の違いを考慮して接しなければいけないと痛感したことを思い出します。

また、外国人訓練生は納得しないことについては、とことん質問し議論します。訓練中も、なぜ自分に非がないのに謝らなければいけないのか、謝る場面ではないのになぜお辞儀をしなければいけないのかなど、答えに困る鋭い質問が飛んできます。

例えば、**「すみません」の使い方**です。

謝罪のときと、話しかけるときに使う「すみません」の違いがわからないのです。

さらに、道を歩いていて自分がぶつかられたのに、なぜ日本人はぶつかられたほうも「すみません」と謝るのですか？　という質問がきたこともあります。

事なかれ主義と言われればそうかもしれませんが、無用な争いごとを避けたいという気持ちの表れでもあります。また、ぶつかってきたのは相手でも、ぶつかられた自分にも少しは非があるという、相手へのちょっとした思いやりでもあるのですが、これが外国人には誤解されてしまう礼節の一つなのです。

「すみません」を多用することも、日本人には謙虚に見えるのですが、外国人から見ると必要以上に自虐的であるように映ります。

また、**本音と建前を使い分けることや、その場の空気を読むということは外国人には理解ができません。**

このような日本の文化の背景には、人によく思われたい、恥をかきたくないという利己的な気持ちもあるかもしれません。

しかし、日本人の根底には人に迷惑をかけたくないという他者への配慮があります。それが外国人には理解されないことも多いのですが、そのほんの少しの思いやりが日本人の誇りでもある「おもてなし」の精神につながっているのです。

マニュアル通りでは通用しない礼節の難しさ

多くの企業にはマニュアルというものがあります。

スタートアップなどの新興企業には、マニュアルは一切存在しないというところも増えてきていますが、社員それぞれが思い思いのやり方で仕事をすれば、当然違った解釈や誤解が生じるものです。


航空会社にも厳格なマニュアルがあります。各部署に定められているのですが、客室乗員部にも客室業務に特化したマニュアルがあります。

制服の着用の仕方やお化粧、髪型などの美容基準にはじまり、サービスの流れや、どの飲み物にどのグラスを使用するかなどの飲み物やミールサービスに関する細かい規定、また体調を崩したお客様への対処法、緊急事態が起こった際の誘導の仕方等、多岐にわたる規定が定められています。

原則は規定に定められているマニュアル通りに行わなければいけないのですが、お客様相手の現場では、マニュアルに規定されていない事態が起こることが多々あります。

例えば、「BY NAME」と呼ばれるお客様の名前を呼ぶサービスです。

頻繁にご利用いただいているお客様を対象にしたサービスで、日頃ご利用いただいている感謝の気持ちを込めているのと、他のお客様との差別化を図るという意味で、特別感を感じていただくためのものです。

このサービスでは、お名前を呼ぶ対象となるお客様がマニュアルで規定されているのですが、規定通りに実行すると、思わぬクレームに発展することもあります。

お客様の中には、名前を呼ばれることに抵抗を感じる方もいらっしゃいます。

あらかじめ名前を呼ばないでほしいとリクエストされるお客様もいらっしゃるので

すが、もしそうリクエストされなかったとしても、お客様の反応を見て勘を働かせ、探りを入れることも重要です。

つまり、**名前をお呼びしたときのお客様の反応を観察する**のです。

お名前を呼ばれて特別感を感じる人は、嬉しそうな反応が返ってきます。

逆に少しでもお客様の反応が曇ったり、怪訝そうなご様子を浮かべたりするなど違和感を覚えたら、それは名前を呼んでほしくない可能性があります。

そのサインを見逃さず、お名前を呼ぶことを少し控え目にするのです。

こうしたことが、この場合の接客業に求められる礼節です。

マニュアルにこだわり、それに縛られて目の前のお客様が本当に求めていることを察する努力を怠った時点で、接客業は失格です。

大勢いるお客様の中で、お一人おひとりの真意を探ることは簡単なことではないのですが、それこそが接客業の醍醐味というもの。

マニュアル通りでは対応しきれない裁量と感性が求められ、その上で礼節をわきまえたサービスを行う技量の高さが求められるのです。

この、型通りではないところが、おもてなしや礼節の難しいところでもあります。

礼節は相手への思いやりで成り立っています。

マナー的には少々型が違っていても、相手が喜び、ご満足いただけるのであれば、それが最高のマニュアルです。

お客様が笑顔になり、ご満足いただけるなら、誰も文句は言わないものです。

マニュアルを超えたサービスには、おまけとして「お客様の感動」がついてくることがあります。

それぞれ守らなければいけない最低限のルールはありますが、マニュアル通りでは通用しない礼節の厳しさを知ったとき、人は大きく成長し、それを応援してくれる周囲の人からの信頼を得ることにつながっていくのです。

第4章

口よりもまずは耳を働かせる

信頼を得る第一条件は「口の堅さ」

皆さんが「この人は信頼できる！」と思う人はどんな人でしょうか？

誠実である、真面目である、嘘をつかない……など、条件はいろいろありますが、**まず重要なのは、あることないことをペラペラ話さないこと**です。

悪気はないにせよ、その場にいない人の噂話をしたり、自分が経験していないことや聞きかじった程度の話題を滔々《とうとう》と話したりしていることは少なからずあるものです。

相手が不快に思うような噂話、悪口、悲観的な話題、自慢話はご法度《はっと》です。

特に役職につく立場のビジネスパーソンにとって、これは鉄則です。

私が客室乗務員として乗務しはじめて5~6年経った頃の出来事です。客室乗務員はグループ制で、基本的には年度始まりから1年間は同じメンバーがグループとしてフライトします。

当時のグループは、チーフパーサーをグループ長として15名ほどの客室乗務員から構成されていました。チーフパーサー以下にはそれぞれの役職があるのですが、私はインチャージと呼ばれるクラスの責任者としてフライトをしていました。後輩も5名ほどでき、グループの中では中堅的な立場です。

とはいえ、まだまだ先輩のスマートな仕事ぶりには敵いません。失敗を繰り返しながら、奮闘する日々が続きました。

そんな緊張が続くフライトで、私が担当するクラスのお客様からクレームを立て続けにいただいてしまいました。私が直接サービスに関わったわけではありませんが、担当するクラスで起こったことは、基本的にインチャージが責任を持ちます。

そのため、私は直接担当した客室乗務員の接客態度に対して激しくお怒りになっているお客様から事情を伺い、不快な思いをさせてしまったことを謝罪をしました。

そのときのお客様のお怒りの原因は、飲み物サービスをスキップされたことでした。当然、担当した乗務員のケアレスミスです。お客様にはまったく非がありませんので、誠心誠意お詫びをしたのですが、怒りは一向に収まりません。

当時の私は、心のどこかで、「スキップしたのは100％乗務員が悪いけど、やってしまったんだから仕方ないでしょ。だから謝っているじゃない！」と思っていました。

そんな気持ちで対応していては、お客様から簡単に見透かされてしまい、お怒りが収まるわけがありません。

そのやりとりを見ていた先輩がいました。お客様に厳しく叱責されている私を見かねて、お客様に謝罪し、なだめてくれたのです。

先輩の素晴らしい対応で、お客様がみるみる笑顔になっていきます。最後には、

「僕も言い過ぎた。ごめんね」と逆にお客様が謝る展開になりました。

フライト後、全員で振り返りのミーティングを行うのですが、その機内での出来事を報告すると、その先輩は私の対応の不手際を一切言わず、逆に私の至らない対応を皆の前で最大限褒めてくれたのです。

普段は仕事に対してとても厳しく、少し近寄りがたい先輩なのですが、いつも相手を尊重し、余計なことは一切言わない寡黙な先輩です。グループ員のプライベートな情報や、耳に入ったちょっとした噂話も軽々しく口にしないのです。

後輩にとっては怖い存在でしたが、誰よりも頼られ、信頼を得ている存在でした。「口が堅い」人というのはこういう人のことを言うのだと、しみじみと実感しました。

どんなに親しみやすい雰囲気があっても、どんなに社交性があっても、「口が軽い」人は、最終的には人からの信頼は得られません。

「口が堅い」ことは信頼を得る第一条件なのです。

「ココだけの話」が多い人は自ら信頼を失っている

仲良しグループが集まって話が盛り上がると、さまざまな話題が飛び交い、ときが経つのも忘れて話し込んでしまうことがあります。気心の知れた仲間同士ですので、オフレコの話など、仲間内だけでしか言えない話も出てきます。

それはとても楽しいのですが、時折「ココだけの話」が飛び出すことがあります。仲間内での内緒話は決して悪いことではありませんが、本当の意味での「ココだけの話」というのは意外と少ないものです。なぜなら、「ココだけの話」を乱発する人は、どこでも「ココだけ」を強調していることが多いからです。

私が保険会社で営業パーソンとして独り立ちした頃のことです。

まだ営業経験も浅く、お客様との商談で、うまくクロージングができず悩んでいたときがありました。


同じ頃入社した同期も同様の悩みを抱えていたので、お互い商談のどこに課題があるのかを確認し合おうということになり、お互いの商談に同行することにしたのです。

同行といっても、カフェで同僚が商談している隣のテーブルにつき、カフェにいるお客様のふりをして商談のやりとりを観察しました。


商談が始まり、アイスブレイクでお客様の緊張を解きほぐし、穏やかな雰囲気で商談が進んでいきます。

やがて気持ちも乗ってきたのか、同僚も段々と饒舌になっていきました。

そこで**私が違和感を覚えたのが、「ココだけの話」の多さ**でした。

業界の裏話や他のお客様の家庭事情などを、実名こそ出さないものの、かなり込み入った話を「ココだけの話」として、展開していたのです。

「ココだけの話ですが……」と語り始めると、相手は興味を示します。

この話は自分だけに話してくれているのだと、特別扱いされていると感じる人もいるからです。お客様に優越感を感じてもらうことは悪いことではありませんが、必要以上に連発すると、優越感を通り越して、相手は逆に不信感を持ってしまいます。

この人の言う「ココだけの話」は、「ココだけ」ではなく、あちこちで言っているのではないかと思われてしまうからです。


この同僚の場合も例外ではありませんでした。

最初はお客様も興味を持って聞いていたのですが、段々と表情が曇っていきます。同僚はそれに気づくことなく「ココだけの話」を続け、その結果、それ以上商談が進むことはありませんでした。相手に特別感を与えているつもりが、逆に相手から不信感すら抱かれてしまうという、なんとも皮肉な結果になっていたのです。


このような営業話法を続けているようでは、当然保険をご契約いただくことなどできるはずがありません。

商談時だけでなく、仲間内でも「ココだけの話」が多く、最後まで信頼を取り戻すことができなかった同僚は、入社して1年も経たないうちに退職してしまいました。

一度失われた信頼は、簡単には取り返すことができません。

「ココだけの話」は、本当に心を許すことのできる相手や大切に思う相手に対して、相手のメリットになる情報だけを、他言することなく伝えて、初めて威力を発揮するものです。

相手の関心を引くために軽々しく多用するものではありません。

ビジネスシーンで乱用すると、かえって信頼を失うという手痛いしっぺ返しがきます。

「口は災いのもと」と言われるように、**本当はココだけではない「ココだけの話」は、回り回って自分の信頼を貶める怖い話になる**ことを肝に銘じないといけません。

「聞く」と「聴く」と「訊く」の違いがわかる人が信頼を得る

私は現在、研修講師として全国の企業や官庁で、サービスマナー研修やコミュニケーション研修を行っていますが、多くの企業が抱える最大の問題は、人材不足です。そうした課題を抱える企業からのご依頼が多いのが、職場の人間関係をよくするためにコミュニケーションスキルを向上させる研修です。

コミュニケーションスキルを高めるというと、伝え方や話し方など、「うまく話す」ことに主眼を置かれがちですが、**「話す」だけでも「聞く」だけでもなく、「話す」と「聞く」のバランスが重要**です。

コミュニケーションは、キャッチボールのように、お互いに相手が受け取りやすいボールを投げ合うことから始まります。

いきなり剛速球を投げては相手を驚かせてしまいます。

コミュニケーションも同じです。

一方的に話したり、逆に何も話さなかったりするのは、キャッチボールの基本から大きく外れた振る舞いです。これでは相手と円滑な人間関係を築くことはできません。

さらに、コミュニケーションの達人と言われる人の多くは、自分が「話す」より相手の話を「聞く」ことに重きを置いています。

そして、「聞く」と「聴く」の大切さは先に述べた通りですが、**一歩踏み込んで信頼を得、相手の心を開かせることができるのは「訊く」ことができる人**だと思います。

私がチーフパーサーとしてファーストクラスを担当していたとき、ある有名な男性歌手が友人3名と一緒に搭乗されました。

3人のご友人も皆様芸能界で活躍されており、誰もが知る著名なタレントです。

乗務員は著名人が搭乗されるときでも、一般のお客様と同じようにサービスをし、特別扱いをすることはありません。

また、著名人は過剰に扱われることを嫌う方も多いため、そのフライトでも、配慮はしつつも最低限の話しかけでサービスにあたっていました。

しかし、その男性歌手は、それにはお構いなしで乗務員に話しかけられます。近くを通るたびに呼び止められ、ご友人との会話について意見を求められるのです。

気さくな方だなあと驚いたのですが、驚いたのはそれだけではありません。

私が話すことを聞き流すのではなく、真剣に耳を傾けてくださるのです。

耳だけで「聞く」のではなく、耳と目と心で「聴く」姿勢が伝わってきます。

さらに、それだけで終わらず、そのあとに質問がくるのです。

「山本さんはこうおっしゃったけど、それってこういうことですよね」「それはどういう意味ですか?」と、他愛のない話にも、突っ込んだ質問が飛んできます。

質問は、相手の話を真剣に、かつ関心を持って聴いていないとできないものです。何気ない会話にもかかわらず、ちょっとした質問をたびたびしてくださるこの方に対して、「こんな他愛のない雑談なのに、きちんと話を聴いてもらえている」と清々しい気持ちになったことを今でも覚えています。

人は、自分の話をきちんと聴いてもらっていると実感できたときは、心地よく感じるものです。さらに「訊いて」もらえると、相手に好感を持つようになります。

よいコミュニケーションにおいて大切なのは、耳で「聞く」だけでなく、心を向き合わせて「聴く」という傾聴ができること。

さらに**相手の承認欲求を満たす「訊く」がさりげなくできること。**

それが相手の心を開かせ、嬉しい感情を引き出します。

この違いがわかる人が、信頼を得ることができるのです。

他人との会話は「話す」2割、「聴く」8割を心掛ける

私は経営者限定のビジネス交流会に参加しています。

ビジネス交流会は、人脈を広げ、ビジネスを拡大させることを目的に開催されるのですが、経営者限定の交流会ともなれば、自社の事業をアピールし、見込み顧客となる人を探し出すことに貪欲な経営者が集まります。

名刺を交換し、まず自己紹介から始まるのですが、ときには思わず顔をしかめてしまうような経営者に出会うことがあります。

以前参加した交流会では、ある経営者の言動に、驚きを隠せませんでした。

ビジネス交流会ですので、自社アピールはおおいに結構なのですが、自分の事業の説明を延々と続けた挙句、私の事業の話をまったく聞かず、名刺を受け取っただけで次のターゲットに向かっていった経営者がいたのです。

それだけでも、「すごく強引な人がいるなぁ」と驚いたのですが、さらに驚くことに、他の参加者とひとしきり名刺交換が終わったのか、しばらくしてまた「はじめまして」と名刺交換を求めてきたのです。

「先ほど、お名刺をいただきご挨拶しましたよ」と伝えると、その経営者は「そうでしたか、失礼しました」と悪びれることもなく、その場を去っていきました。

これにはさすがに驚きました。直前に名刺交換したことも忘れている、というよりも、自分の言いたいことだけを伝えて、人の話をまったく聞いていないのです。

彼は、自社のパンフレットやら、チラシやらを大量に抱えて、手当たり次第に宣伝しまくっていました。

彼はビジネスを拡大させたかったのでしょうが、これでは誰も彼と一緒にビジネスをしようとは思いません。それどころか、会話にすらならないでしょう。

前項でも述べましたが、コミュニケーションはキャッチボールです。「話す」と「聴く」のバランスが重要です。交流会で出会ったこの経営者は、「話す」が100%で、相手の話を「聴く」ということがまったくなかったのです。

もしかしたら聞いていたのかもしれませんが、それはもちろん「聴く」ではなく、「聞く」でしたし、その中でも「聞き流す」レベルです。

相手を尊重し、相手を知ろうとする気持ちはまったく感じられませんでした。

これでは、相手に信頼されるどころか、嫌悪感すら与えてしまいます。

相手から信頼を得るためには、まず「この人の話をもっと聞きたい」「この人とまた会いたい」と思ってもらうことです。初対面ではそこからすべてが始まります。

そのためには、自分のことばかり話すのではなく、きちんと相手に向き合い、真摯に相手の話を聴くことが欠かせません。

コミュニケーションは「話す」ことも重要ですが、**「話す」2割、「聴く」8割のバランスが最適**だと思っておくとよいでしょう。

このバランスで会話をすると、相手が「きちんと自分の話を聴いてもらった」と感じることができ、あなたの話も聞こうと思ってくれます。

ちなみにこれは、「返報性の原理」といって、「相手に何かをしてもらったのだから、同じように『お返し』をしないといけない」という気持ちです。**「お返し」は相手のことを思う気持ちの表れ**です。

同じように、コミュニケーションも相手を思いやる気持ちがあるからこそ良好なものになるものです。

「話す」だけでも「聴く」だけでもなく、2対8の絶妙なバランスで、コミュニケーションの達人になってください。

信頼に直結するノンバーバルコミュニケーション

研修講師という職業柄、大勢の人の前で話をする機会があります。

1対1の会話ではないため、できる限り大勢の人と目線を合わせるように努めるのですが、200人、300人規模の講演になるとそうもいきません。

会場の後方に座る受講者には私の目線が届かないこともあるのですが、実は講師側からは意外と受講者の様子がわかるものです。

例えば、眠っている人。

大勢の受講者にまぎれていても、眠っている人はすぐにわかります。

それ以外にも、講師が話すことに対してどこかうわの空で、違うことを考えているんだろうなぁと思う人や、会社から言われて仕方なく受講しているんだろうなぁと思わせるような、不満がありありと見える人、それとは反対に、真剣に聴いてくれているなぁと思う人など、講師側からはよく見えています。

このように、言葉を発していなくとも、相手に気持ちや感情が伝わることがあります。それが、**ノンバーバルコミュニケーション**です。

「verbal」とは「言葉の」「口頭で」という意味ですから、ノンバーバルコミュニケーションは、日本語では「非言語コミュニケーション」と言われています。**体の動きや表情など、言葉以外で行うコミュニケーションの手法**です。

ノンバーバルコミュニケーションは、言葉以上に相手に感情が伝わるとも言われ、相手に強烈なインパクトを与えます。

研修中に、どこかうわの空であったり、不満が顔に出ている人を見つけると、その人が気になってテンションが下がってしまうのはそのためです。

では、皆さんの日常生活においてはどうでしょうか？

普段人と接しているときに、ついクセでやっているしぐさはありませんか？

それがよい印象を与えているのであれば問題ないのですが、悪気なく無意識にやっているしぐさで相手に不快感を与えているとしたらどうでしょうか。


表情やしぐさには、本人だけが気づいていない本音が表れています。

それが、ノンバーバルコミュニケーションの侮れないところです。


例えば、腕を組むしぐさ。

これは先にも説明しましたが、誰かと会話をしているときに腕を組むと、相手を拒絶している、心を開いていないような態度として受け取られることもあります。

そんなつもりはないにしても、傲慢で偉そうにも見えてしまいます。


また、人と話をしているときに目を合わせないことも、誤解を招くノンバーバルコミュニケーションです。

日本人はシャイな人が多くアイコンタクトに苦手意識を持つ人が少なからずいます。しかし、こちらも前項で解説したとおり、ビジネスシーンにおいて人と目を合わせられないことは誤解を招くだけでなく、信頼も損なうことになってしまいます。

なぜなら、目を合わせないことは、「後ろめたいことがある」「自信がない」「相手に興味がない」「相手を疑っている」などのネガティブな印象を与えてしまうからです。

その他にも、表情や声のトーン、話すスピード、視線や体の向きなど、ノンバーバルコミュニケーションによって、感情や本音が伝わってしまうことがあります。

ちょっとしたしぐさやクセが、あなたの印象を決定づけるのです。

人と接するときは、真摯に相手に向き合い、思いやりを持って相手を尊重すること。そしてその真摯な姿勢が表情やしぐさに表れ、相手に伝わったとき、相手はあなたに好感を持ち、それが信頼につながっていきます。

ノンバーバルコミュニケーションには、隠しても隠し切れない本音が表れています。ご自分のしぐさを、今一度見直してはいかがでしょうか?

「聴く」ときの態度がすべてを表している

大勢の人の前でスピーチをする場面や、大事なクライアントにプレゼンをするような場面を想像してみてください。

場の雰囲気を盛り上げよう、きちんと相手に伝わるように話そうと必死で頑張っているのに、聴衆やクライアントが無表情で聴いていたら、どう感じるでしょうか？

あなたの話を聴いていないわけではないのです。真剣に聴いてくれているのですが、聴くときのリアクションがまったくなかったら、とてもやりにくさを感じるはずです。

スピーチや講演、プレゼンに限らず、職場での会議や、ちょっとした仲間内での集まりなどでも、自分が話しているときの相手の態度は、とても気になるものです。

では、「この人は、私の話を真剣に聴いてくれているなあ」と感じる人は、どういう人でしょうか？

話の要所要所でタイミングよくうなずいたり、相づちを打ってくれている人ではないでしょうか。

これは、前項でお伝えしたノンバーバルコミュニケーションでもあるのですが、こうした人に対して、私たちは親しみやすさや安心感を覚えます。

私自身、講師として研修や講演を行っているときに、相づちを打つ人や、よくうなずいてくれる人は、後方に座っていてもすぐにわかります。

特に研修中などは、強調したいことを伝えているときに大きくうなずいたり、笑ってくれたり、なんらかのリアクションをしてくれる受講者を見つけると、話がしやすく、テンションが上がり、嬉しい気持ちになります。

逆に、こちらが話しかけているときに、無表情でなんの反応もしない人や、何か言いたげに睨みつけるような視線を送ってくる人、人を小馬鹿にしたような態度に見える人などは、他意はないにしても決して心地よいものではありません。

日常のビジネスシーンにおいても、会議でそのようなリアクションの人がいると、その場の雰囲気は悪くなり、活発な意見は交わされないのではないでしょうか。

特別な意図なく相手に無駄な気を遣わせたり、不信感を持たれては、人として信頼を得ることはできません。

相づちを打つということは、「あなたの話をきちんと聴いていますよ」という非言語のメッセージであり、同意や納得している気持ちを伝えるリアクションです。

相手を尊重していることがしっかりと伝わるだけでなく、相手に好感を与えることもできる、最強のコミュニケーションスキルでもあります。

たったこれだけで、あなたに好感を持ってくれるのですから、使わない手はありません。それほど、話を聴くときの態度やリアクションにはインパクトがあります。

ただし、相づちはただ打てばよいというものではありません。**話の要所で、タイミングよく打つことがポイント**です。闇雲に相づちを打ってしまうと、話をいい加減に聞き流しているという印象を与えてしまうことがあるからです。

時には、早く話を終わらせてほしいという気持ちとして伝わってしまうことも。そんなつもりはないといっても、相手がそう思ってしまうと取り返しがつきません。これが非言語、つまりノンバーバルコミュニケーションの怖いところです。

信頼は、日頃の小さな言動の積み重ねでできています。

「聴く」ときの態度一つで、簡単に相手の印象は変わります。

同じ「話を聴く」にしても、相手が心地よく感じるリアクションを取ることは、相手に対する思いやりであり、礼儀でもあります。

こうした姿勢を普段から心掛けることで、周囲との人間関係を良好にし、信頼につなげていってください。

体の向きは心の向き

私がチーフパーサーとしてファーストクラスを担当していたときのことです。

ある有名なメーカーの社長がご搭乗になりました。

チーフパーサーは、離陸前にファーストクラスにご搭乗されたお客様全員のお座席に伺い、お一人おひとりにご挨拶をします。

離陸前の時間帯は、空港ラウンジから飛行機に搭乗し、ようやくご自分の座席について一息ついた頃合いですので、多くのお客様は新聞をお読みになっていたり、長いフライトに備えて身支度をしたりされています。

そのタイミングでご挨拶しますので、多くのお客様は会釈でお応えくださったり、「どうも、よろしくお願いします」といった軽い会話で終わることが多いのですが、その社長は少し違っていました。

私が、「ご搭乗ありがとうございます。本日客室を担当いたしますチーフパーサーの山本と申します」とご挨拶に伺うと、**お読みになっていた新聞をきちんと横に置き、体の向きを私のほうに向け直して、「よろしくお願いします」とご挨拶されたの**です。

それだけではありません。「下の名前はなんていうの？」とおっしゃるのです。「ようこと申します」とお答えすると、「へえ〜、やまもとようこさん？　女優にもいたよね」とフランクに話しかけてこられます。

さらに、「漢字は太陽の陽？」など、離陸前の短時間でしたが、会話がはずみました。「大企業の社長さんなのに、気さくな方だな」とよい印象でフライトが始まりました。

さらにその社長は、食前酒のオーダーを伺いに行くときも、お食事のチョイスをお伺いするときも、乗務員が話しかけるときはいつもヘッドフォンを外し、乗務員が話しかけるほうにきちんと体の向きを変えて対応されるのです。

ファーストクラスのお客様であっても、映画をご覧になっているときや音楽を聴いていらっしゃるときは、乗務員が話しかけても片耳だけヘッドフォンを外してお返事される方が多い中、ここまで丁寧にご対応されるお客様は決して多くはありません。

このお客様は、到着して飛行機をお降りになるまで、一貫して同じ振る舞いで乗務員に接していらっしゃいました。

数年経った今でも、そのお客様の振る舞いは強く印象に残っています。

このように、人と話をするときに、体の向きを少し変えるだけで、相手に与える印象は大きく変わります。

人から話しかけられ、話を聴くということは、日常でもよくあるシーンですが、一旦手を止め、相手に向き合って話を聴くということは意外と疎かにしがちなことです。

例えば、PCで仕事をしているときに部下から話しかけられたような場合、仕事の手を止め部下に向き合って、きちんと話を聴いているでしょうか？

自分ではちゃんと聴いているつもりでも、作業の手を止めず、体を向けるどころか目も合わせない状況では、部下にはきちんと聴いてもらったという印象は残りません。

ほんの些細なことですが、**「聴く」ときの体の向きはとても重要**なのです。


先日、体調を崩したときに初めて訪れたクリニックの先生もそうでした。

最初の「どうしましたか？」の問診から、目も合わせてくれません。

終始PCから目を離さず、PCに打ち込むことに専念していました。

体調が悪い中でとても悲しい気持ちになったと同時に、目の前にいる患者に向き合わない先生は信頼できないなあと思ったものです。


体の向きは、「きちんと相手と向き合う」という心の向きでもあります。

何かをしながらの「ながら聞き」では、相手からの信頼は得られないのです。

相手との会話で、耳と同時に働かせるもの

好きなことや興味のあることに没頭しているとき、体は自然と前のめりになっています。気持ちが姿勢に出ている瞬間です。

逆に、退屈なときや、興味がなく面白くないときなどは、後ろにのけぞったり、椅子の背もたれにもたれかかったりするものです。

この態度が、相手との会話の途中で表れることがあります。

気持ちの表われが姿勢になり、それが相手との体の距離になるのです。

私がチーフパーサーとして乗務していた頃、ファーストクラスのお客様とお話ししていたときに気づかされたことがあります。

それが、お客様と会話するときの物理的な距離です。

客室でお客様にサービスする際、お客様は座席に座り、乗務員は立った状態でサービスをすることが多いのですが、少し込み入った話や他のお客様に聞こえてはいけない話をするような場合、乗務員は少し腰を折ったり、しゃがんだりして、お客様より目線を低くして会話をします。

問題は、そのときのお客様との距離です。

客室内は常にエンジン音が響き、普段の生活環境と比べると騒々しい環境です。小声では聞こえづらいため、やや声のトーンをあげて発声するのですが、あまり大きな声を出してしまうと他のお客様にご迷惑がかかります。

そのため、お客様が聞き取りやすいように近い距離から話しかけることになります。

あるフライトで、免税品をご希望のお客様がいらっしゃったので、ファーストクラスを一緒に担当する部下が商品をお持ちして、お客様におすすめしていました。

応対が長くなりそうなので、部下は少ししゃがんでお客様と会話しているのですが、その距離が近すぎたのか、お客様はやや上体をそらして話をしていらっしゃいます。

それに気がつかないのか、部下は前のめりになって、懸命に説明をしています。傍から見ていて「ちょっと顔を近づけすぎているなあ」と思いましたが、部下は接客中です。それを遮って注意するわけにはいきません。

しばらく様子を見ていると、お客様が少し困惑しているご様子が窺えました。

本書では、相手に好印象を持ってもらうためには、「話す」よりも「聴く」ことに気を配ったコミュニケーションを意識することが鉄則とお伝えしてきましたが、そのためには口よりも耳を働かせることが大切です。

そして、**「耳」と同じくらい働かせなければいけないのが、「体」です。**

相手が話しているとき、興味を持って聴いていると体が前のめりになるように、体

を相手に向けて、相手との距離をほんの少し縮めます。

そうすることで、相手は親近感を持つようになるのです。

全身で話を聴いてくれていると思うと、話し手は嬉しく感じるでしょう。

ただし、気を付けないといけないのは、前述した部下のように、体や顔を必要以上に近づけることです。話に夢中になるあまり、相手が不快に思うほどに体や顔を近づけてしまうと、相手は不快感を持ってしまいます。

今のご時世、セクハラとも捉えられかねませんので、注意が必要です。

全身で話を聴いてくれることに加えて、さらに相手があなたに好感を持つのは、きちんと目を合わせてくれることです。ここでも最後の目線合わせ、ラストアイコンタクトは良好なコミュニケーションに絶大な威力を発揮します。

相手と話をするときは、「耳」と「体」と「目」を十分に働かせること。

それによって、心地のよいコミュニケーションが生まれます。

コミュニケーションの決め手は、口を挟むタイミング

数人の仲間で話をしているとき、相手と話し始めるタイミングがかぶることがあります。そんなとき、皆さんはどうしていますか？

相手とタイミングがかぶっても強引に話し続ける人もいれば、遠慮して話すタイミングを相手に譲る人もいるでしょう。その人の性格によるところが大きいのでしょうが、コミュニケーション力が問われる場面でもあります。

私が保険会社で保険営業に携わっていたときのことです。

外交員としてデビューするまでに、一定の研修期間があるのですが、その中に実際の商談シーンを仮定してロールプレイを行う研修があります。

お客様役と営業スタッフ役にわかれて、さまざまなお客様の反論に対して、どのように商談を進めていくかを学ぶ研修です。

例えば、「私には、保険は必要ない!」と商談も拒否するお客様にどう対応するかや、「もう保険には入ってます!」というお客様にどう話を進めていくかなど、実践さながらのロールプレイを行います。

日本人の9割はなんらかの保険に加入しているというデータがあるほど、日本人の保険加入率は極めて高いのですが、保険に対してあまりよいイメージを持っていない人が多いのが現状です。

ですから、保険営業はお客様に商談の席についてもらうまでが大変です。

商談にようやくたどり着いたとしても、スムーズにご契約いただくことは容易ではありません。

そういう厳しい営業現場を想定してロールプレイを行うのですが、この商談ではお客様からはご契約をいただけないだろうなあと思うようなやりとりがありました。

それは、一方的に商品の説明をして、お客様のご要望を聞かない、聞いていたとしても、お客様の話を遮るように自分の話を続けてしまうケースです。

ロールプレイという慣れない研修で緊張していたとしても、お客様の話をきちんと聞かないという態度は、営業パーソンとしては失格です。

しかも、ロールプレイ後の振り返りでも、本人はそのことに気がついていません。断られること、沈黙が怖いのでつい口数が多くなると本人は反省していましたが、それに加えて、口を挟むタイミングに問題があるとは思っていないようでした。

コミュニケーションの達人は、「聴く」ことの達人でもありますが、口を挟むタイミングの達人でもあります。相手の言葉を遮らず、相手がひとしきり話し終えるまで待ち、一呼吸おいてからゆっくりと言葉を選び、会話を進めていきます。

決して一方的にまくしたてることはせず、相手の反応を見ながら、口を挟むタイミングを見計らっているのです。

言葉を挟むにしても、「間」は大切です。相手が話しやすいよう「間」を作り、相手のペースに合わせて会話を進められると、相手はリラックスして心を開きます。

相手が心を開いて初めて、本音も出てくるものです。

相手が心を開くことは、良好なコミュニケーションの第一歩です。

そこにたどり着くためには、まず相手に話してもらうことから始まります。

話の途中で腰を折ってしまうような口の挟み方をすると、本音どころか、話す気持ち自体が失せてしまいます。

コミュニケーションの決め手は、口を挟むタイミング。

口を挟むタイミングは、相手を尊重し、相手の様子をよく観察していれば決して難しくはありません。

ぜひ、日常の中でも意識してみてください。

質問の質が信頼度を左右する

私は現在、講師として研修や講演を行う傍ら、経営者として知識や人脈を広げるため、さまざまな勉強会に参加しています。

経営者にはいくつになっても貪欲に学びを続ける人が多く、勉強会でも闊達に意見が交わされ、質問も多く出されます。

そんな勉強会の参加者の中には、毎回必ずと言っていいほど質問する人がいます。

勉強熱心で積極的に学ぶ姿勢は見習うべきなのですが、中には少し違和感を覚える質問が出ることがあります。

それは、テーマの主旨から外れた質問です。

参加者の誰もが、「今は、そこを指摘するところじゃないでしょう」と思うようなトンチンカンなものから、質問といいつつ自分の意見や経験を話しだしたり、講師の意見を攻撃するような悪質な質問が出ることもあります。

自分の意見を臆さず述べることは悪いことではありませんが、その場の雰囲気を壊し、周囲が不快な思いをするような質問は、公の場には相応しくありません。

私が保険会社で営業を行っていた頃、ある財務系のセミナーに参加したのですが、そのときの男性講師がおっしゃった言葉が今でも強く印象に残っています。

「**質問をするということは、本題の本質を理解していないとできないこと**です。ピントのずれた下手な質問は、自分の知性のなさをさらけ出しているようなもの。質の高い質問は、頭のよい人にしかできないのです」

確かにそのセミナーでは、本質を突いた質問ではなく、不注意で聞き漏らしたことや、講師がすでに伝えたことを何度も繰り返し質問する場面が多く見られました。

そのため、他の受講者がうんざりする場面も多く、会場の雰囲気も少し曇り始めていました。

そのときは随分とキツイことをおっしゃるなぁと正直驚きましたが、的を射た指摘であり、それからは質問をするときは、きちんと勉強をして臨まないといけないと考えさせられた一件でした。

疑問を解消するための質問や、業務上の問題についての質問などは、ものごとの正否を確認し、正確な知識を習得するためには欠かせないものです。

しかし、その質問があまりにも的外れでは、答える側も困惑してしまいます。

特に、セミナーや講演など公の場では、講師や他の受講者の貴重な時間を奪うことにもなりかねません。

この感性がある人とない人では、周囲に与える印象はまったく違います。

感情的で否定的な質問は、周囲を不快にし、その場の雰囲気を陰鬱なものに変えてしまいます。もしどうしてもそうしたことを意見したいのであれば、個別に行うのがビジネス上のマナーです。

子どもであれば、大人が答えにくいことであっても、「これ、なあに?」「どういう意味?」と素直に質問しても「純真で可愛い」で許されますが、ビジネスパーソンでは通用しません。公の場で質問をする際には、質問内容を吟味しなければいけません。

一方で、**的を射た質問は、相手をきちんと理解したいという気持ちの表れでもあります**。それはとりもなおさず、相手を尊重していることの表れとも言えるでしょう。的確な質問には好感が持たれ、「自分の話を、興味を持って聴いてくれてありがとう」という感謝の気持ちが芽生えます。そこから信頼関係が始まっていくのです。

たかが質問、されど質問。

普段、何気なくしている質問の質を見直してみるといいかもしれませんね。

相手が話を聴いてもらっていると実感して初めて、信頼感が生まれる

私は仕事柄、経営者仲間と話をする機会が多いのですが、よく話題に上るのが社内の人間関係についてです。

「部下とどう接してよいかわからないときがある」「部下がまったく言うことを聞かない」など、社員の育成に悩みを抱える経営者は意外と多いものです。

そんな悩みを持つ経営者に共通していることがあります。

それは、**人の話を聴かない**ことです。

こう言い切ってしまうと、経営者の皆様に叱られてしまうかもしれませんが、利害関係のない部外者の私から見ると、そう思えてしまうことが多々あるのです。

経営者は会社のトップです。全責任を負う立場でもあり、決裁権を持っています。権限もあるため、知らず知らずのうちにワンマンになっていることが多いのです。

その上、業務においても人生においても経験が豊富です。

それゆえ、どうしても目下の人の意見を素直に聴けない経営者が一定数いるのです。上司は「部下は言うことを聞かない」、部下は「上司は話を聞いてくれない」と思っているうちは、いつまでたっても平行線のまま。

こうして社内の人間関係がギクシャクしていくのです。

私が客室乗務員として乗務を始めて4～5年ほど経った頃、アシスタントパーサーという新たな役職になりました。慣れない役割でいろいろと悩みがあったため、上司であるチーフパーサーに相談したのですが、スッキリと解決することができません。

そのチーフパーサーは、仕事においても人生においても大先輩です。私が悩んでいたことと同じようなことを乗り越えてきた経験もあったでしょう。

しかし、私が話し終えないうちに、「ああ、それはこうだよ。そのうちわかるよ」という答えが返ってくるのです。

そのチーフパーサーは、自分にも同じような経験があり、答えを知っているからと、私の訴えていることをきちんと聴こうとせず、「答えありき」で聞いていました。その方はとても優しく、よい上司でしたが、相談してもモヤモヤした気持ちが残ったのは、きちんと話を聴いてもらえないという虚しさがあったからかもしれません。

人の話を「聴く」、つまり「傾聴」は、意外と難しいものです。

自分が傾聴しているつもりでも、相手がきちんと聴いてもらっていないと感じてしまうと、独りよがりの傾聴になってしまいます。

ちなみに、先ほどの話には続きがあります。

あるとき、他のグループのチーフパーサーとフライトをする機会がありました。

とても素敵な女性チーフパーサーでしたので、つい悩みを打ち明けてしまったのですが、彼女は私の話に一切口を挟まず、真剣に私の話を聴いてくださったのです。

通常、悩みを打ち明けられるとアドバイスをしたくなるものですが、その方はアドバイスをすることもなく、ただ黙って、私の話を最後まで丁寧に聴いてくれました。

十数年経った今でも、その方とは親交があり、尊敬する大好きな先輩です。

この彼女の振る舞いが、まさに「傾聴」です。

相手が話しているときは、口を挟まず、話を遮らず、答えを持たずにしっかり聴く。

そうすることで初めて、相手は話をよく聴いてもらったと実感するのです。

誠意を持って相手と対峙し、相手を尊重するということは、言葉では簡単なのですが、実際にはとても難しいことです。

相手の話を真摯に聴くということも、その一つ。

相手が話を丁寧に聴いてもらったと実感した後には、信頼がついてくるでしょう。

オンラインでもすぐばれる相手の話を聞いていない人の特徴

新型コロナウイルスの感染拡大により、今までの価値観が激変し、働き方も大きく変わりました。働き方の一番の変化は、在宅勤務という選択肢が増えたことでしょう。コロナ禍が落ち着いた現在でも、オンラインが定着し、多くの企業で在宅勤務が認められる社会になりました。

コロナ禍では、弊社も研修のご依頼がゼロになり大打撃を受けました。外出も制限される中で、どの企業も対面での研修どころではありません。事業の存続すら危ぶまれましたが、それを救ってくれたのがオンラインでした。

今では当たり前になったオンラインですが、仕事で利用する際には業務中という自覚が必要です。

オンラインは、ビデオ停止や音声停止、さらにはノーメイクでもメイクを施しているように見える設定ができるなど、便利な機能が充実しています。

しかし、慣れてしまうと、緊張感が欠けてしまう場合があるのです。

それも時代の変化なのですが、画面の中だけのコミュニケーションでは注意しなければいけないこともあります。

例えば、オンラインでの会議。

会議ですので、当然事前準備として資料などを揃える必要があります。

他にも、画面が暗くないか、画角は適切か、背景に余計なものがないか、音声や通信状況は問題ないかなど、オンライン特有の準備も整える必要があるでしょう。

ここまではたいてい問題ないのですが、**参加するときの態度**はどうでしょうか？

私がオンラインで講演や研修を行っているとき、とても気になることがあります。

それが、受講者の態度です。オンラインですので、受講者が多数になればなるほど全員の様子を知ることはできません。

一方で、数十名規模の研修においては、画面越しでも受講者の様子はよくわかります。話をきちんと聴いている人とそうでない人は、意外とよく見えているのです。

例えば**目線**です。

オンラインでのカメラに慣れていない人もいるのですが、相手の話をきちんと聴く姿勢がある人は、カメラを見て、頻繁に視線を送ってきます。

それに対して、**集中していない人は、目線が下を向いたままのことが多い**のです。カメラに映らないところで、別のことをやっていたりしているのでしょう。何をやっているかまではわかりませんが、集中していないことは明白です。

そして、**相づち**からも様子が窺えます。

配慮の行き届いた人は、きちんと聴いている態度を講師に示すため、対面時よりも大きな相づちを打ってくれます。

そうすることで、積極的に参加している態度を示してくれるのです。

一方、集中していない人は、相づちを打つことはありません。


また、受講者に質問を投げかけ、チャットで返答してもらうような際、回答がトンチンカンであったり、回答がないことがあります。

これも、きちんと参加していないことの表れです。


オンラインは、コロナ禍がもたらした便利で効率のよいビジネスツールです。

画面越しのやりとりは無機質ではありますが、画面の向こうには必ず生身の人が存在しています。**リアルで会う以上に、相手の存在を意識し、相手に向き合っていることを伝える配慮が必要**です。


画面に映っていないからと油断するのは禁物。

オンラインでの聴く態度は、思った以上に相手に伝わっていることをお忘れなく！

第5章

「動」より「静」が信頼の決め手になる

高級ホテルは「静」の世界

私は仕事の打ち合わせや経営者との会食で、よくホテルを利用します。
宿泊することが目的ではなく、ラグジュアリーな空間で優雅な気分を味わえるのと同時に、行き届いたサービスで非日常感を味わうことができるからです。

ホテルのランクにもよりますが、星がいくつもつくような高級ホテルは、空間が大きく取られたロビーがあり、行き交う人と人の間にできる空間も広く、贅沢な設えでゆったりとした環境に整えられています。

そして、ホテルのランクが高くなればなるほど、音のない「静」の空間が広がっています。人が行き交い、物音、会話などは普通になされていますが、ガヤガヤした生活音が少なく、とても静かです。その静けさがホテルのランクと比例しています。

私がチーフパーサーとして部下に厳しく指導していたことの一つに、音があります。

客室内での音、例えば「オーバーヘッドストウェッジビン」と呼ばれる頭上にある収納棚の、開け閉め時に立つ音です。

手荷物が入っていると想像以上に重いことが多く、力を込めて扉を持ち上げて閉めるのですが、そのときバタンと大きな音が出ることがあります。

なるべく音を立てないように、両手で静かに閉めると大きな音は立たないのですが、忙しいときなど作業優先になっていると、大きな音を立ててしまうことがあるのです。

また、飲み物などが入っているカートを開け閉めするときも同様です。

カートハンドルを扱うときは、細心の注意を払わないと、カチャッという金属音が客室内に響き渡ることがあります。夜間のフライトのときなどは気をつけて開閉しないと、お休みになっているお客様には耳ざわりになってしまいます。

そして、乗務員同士の会話の声です。

静かな空間の中で、人の話し声というのは意外と耳につきます。話している内容がすべて聞き取れるような声での会話は、聞いていて気持ちのよいものではありません。

今でも鮮明に記憶に残る失敗談があります。

それは、ファーストクラスの客室で、お客様と雑談をしていたときの会話の声がうるさいとのお叱りを受けたことでした。

日頃から他のお客様のご迷惑にならないよう、音に関しては注意を払っていたのですが、それでもお休みになりたいお客様には耳についたのでしょう。

「こんなに小声で話をしているのに、気になるお客様がいらっしゃるんだ」と反省すると同時に、改めて気づかされたことでした。

特にファーストクラスでは、会話の声や業務上の物音などには、細心の注意を払わなければいけないと改めて痛感したと同時に、その件以来どんな小さな物音や会話の声でも気にするようになりました。

「静寂」は、非日常の環境を作り出し、お客様はそれを求めて高額な対価を払います。

その「静」の環境を作り出すには、その場にいるスタッフ一人ひとりの努力が必要不可欠です。

ゆっくりと丁寧にものを扱えば、音は最小限に抑えられます。

それはとても神経を使うものですが、最大限の相手への配慮であり、思いやりであり、プロフェッショナルの振る舞いです。

その気持ちがお客様の心を動かし、「また来たい」「また会いたい」という信頼につながっていくのです。

音に対する感性が高い人は、人に対する感性も高い

私が客室訓練部で教官を務めていたときのことです。

客室訓練部は、入社したばかりの客室乗務員の卵たちに、必要な知識やスキルを教える専門性の高い部署です。

訓練生は、新卒で入社したばかりのフレッシュな人たちです。

まだまだ学生気分が抜けきらない訓練生も多く、訓練ではまず社会人としての自覚を持たせ、客室乗務員として求められる適性を磨いていきます。

訓練を重ねていくにつれ、日に日に客室乗務員としての感性を身につけ、美しく変

化していく様子を目の当たりにできることは、教官としてはとても嬉しい光景なのですが、中にはなかなか訓練についていけない不器用な訓練生も少なからずいます。

中でも個人差が表れるのが、「音」に対する配慮です。

「音」に対する配慮ができる人は、「人」に対する配慮もできる人です。大きな音を立てたら、周りの人はどう思うか、その場の雰囲気を壊してしまうのではないかと、周囲への気遣いが身についているからです。

例えば、テキストを扱うときの音です。ガサッとつかみ、机の上でトントンと音を立てて揃え、バサッと風が立つほど乱暴に置く。

さらに、カーテンを引くときの音や、ドアの開閉時の音、椅子を引くときなど、日常的なシーンで大きな音が立つのです。

本人は気づいていないのですが、私物を扱うときも、所作のがさつさが目立ちます。

極めつけは、**歩くときの音**です。

当時は、基本的に3センチほどヒールのある靴で機内業務を行っていたのですが、靴のかかとが浮いてパカパカと音がしたり、カツカツと廊下に響き渡るような音を立てて歩いたり、ときには足を引きずるように歩くので、歩くときに音が立つのです。

これでは、客室乗務員は務まりません。なぜなら、所作ががさつということに加えて、周囲への配慮ができないという評価になるからです。

周囲への配慮イコールお客様への配慮です。

それが、一緒に働く仲間への配慮にもつながっていきます。

自分が出す「音」に関しては、言われて初めて気がつく人もいれば、まったく気がつかない人もいます。それほど「音」に対する感性は人によって大きく異なるのです。

前項でも述べましたが、ものを扱うときは、ゆっくりと丁寧に！　を意識をすれば、物音は防ぐことができます。

「音」に対する配慮が行き届いている人は、歩き方やものを受け渡すときの所作など、普段何気なく行っている立ち居振る舞いも、丁寧で美しく洗練されているものです。

物音だけではありません。普段の会話の声もしかりです。

例えば、電車内で友達同士で大声で話したり、レストランで周りの状況を気にせず途切れることなく大声で談笑したり、映画の上映中にひそひそと話し込んだり……。声を潜めて話していたとしても、意外と周囲には耳ざわりなことが多いものです。またヘッドフォンから漏れ聞こえてくる音楽なども、気になりますよね。

「音」に気を配るためには、自分の行動一つひとつに意識を巡らせる必要があります。

このような、常に周りの人や環境に対して配慮ができる人は、思いやりのある心優しい感性の持ち主です。

周囲が好感を持つそんな感性を持つ人が、信頼されないわけがありません。

「静」の「間」に耐えられる人が信頼を制する

私が保険営業を始めたばかりの新人だった頃、今思い出しても恥ずかしくなるような苦い思い出があります。

保険営業は、お客様の将来のライフプランをじっくりと伺い、お客様がこうありたいと願う未来を設計してお一人おひとりに合った適切な保険をご提案します。

病気や働けなくなったときなど、想定できるリスクをカバーすることが目的ですが、保険料や保険期間なども考慮し、試行錯誤を重ね保険商品を選びます。

ようやく保険が完成し、お客様にご提示する段階になるのですが、最後のクロージングがうまくできないのです。

保険商品を説明し、お客様にご納得いただいて初めて契約が成立するのですが、懸命に説明するあまり早口になり、一気にまくしたてるように話していたのです。

「断られたらどうしよう」「契約してほしいな」という気持ちが働いていたのでしょう。

契約するかどうか、相手が黙って考えている**「沈黙」が怖かった**のです。

だから、相手に考えさせる時間である沈黙の「間」を相手に与えず、一方的にまくしたてるように説明をしてしまっていました。

当時はわかっていませんでしたが、それではお客様が考える余地がありません。

自分に自信がなく、断られることとイコール自分が否定されていると思い込み、お客様が沈黙する時間を極度に恐れるあまり、「間」が耐えられなかったのかもしれません。

ベクトルがお客様ではなく、完全に自分に向いていたのです。

あとから先輩に指摘され、「間」の大切さを実感することができた出来事でした。

それからときを経て、現在研修講師として企業研修を行っているときにも、私と似たような「間」を恐れる受講生に出会うことが多々あります。

スピーチやプレゼンを行う際に、早口になり、適切な「間」が取れないのです。

相手の反応が気になり、「静」の中の「間」が耐えられないのです。

信頼を築くためのコミュニケーションには、「間」が不可欠です。

それは、**相手との実際の距離感と、心の距離感**です。

「人間」は「人」の「間《あいだ》」と書きます。

相手とは近すぎても遠すぎてもいけない、つかず離れずの絶妙な「間」が必要です。

「間」がまったくないと、相手に威圧感や嫌悪感を与え、「間」があり過ぎると、間延びになります。

相手が必要としている「間」を恐れていては、良好な関係を築くことはできません。

それだけでなく、適切な間は、相手に自分を印象づける強力な武器になるときがあります。

スピーチやプレゼンのときに、意図的に「間」を作るのです。

要所要所で「静」の時間、つまり「間」を意図的に作ると、聴衆は「あれ？　どうしたのかな？」と話し手に注目します。

そしてその「間」の時間で、話し手が伝えたいことについて集中して考えることができるのです。

意図的に作られた「間」は、スピーチやプレゼンの質を劇的に向上させます。

このように、「間」は人間関係においても、ビジネスシーンで自分の存在感を示すときにも、潤滑油になってくれます。

「間」を怖がらず、積極的に「間」を意識して味方につけることができれば、相手に落ち着いた印象を与え、説得力が増します。

それが次第に信頼感に変わっていくのです。

美しい所作は「動」と「静」のバランスから成る

客室乗務員は接客のプロとしてさまざまな知識やサービス技量を訓練されています。

その中でも、**「接客の5原則」**はお客様対応の基本です。

接客の5原則は、表情の作り方や言葉遣いなど、接客時に不可欠な五つの要素なのですが、その一つに**「立ち居振る舞い」**があります。

訓練部では、立ち姿勢や歩き方、ものの受け渡しやものを指し示すときの腕や手の動きなど、日常生活においても美しい所作が身につくよう、厳しく指導します。

そんな厳しい訓練期間を終え、客室乗務員としてデビューするときには、見違えるように美しい立ち居振る舞いができるようになるのですが、最初は失敗の連続です。丁寧に、慎重に美しい所作を心掛けると、どうしても動きがゆっくりになってしまうのですが、ゆっくりにも限度があります。

私が客室訓練部で教官を務めていたときのことです。お飲み物をサービスする訓練で、グラスにお飲み物を注ぎ、お客様に提供するという一連の流れを行うのですが、不器用な訓練生は美しく丁寧にしようと意識すればするほど、所作はぎこちなくなっていきます。

飲み物サービスは、ただお客様がご希望されるお飲み物をお出しすればよいというものではありません。お飲み物にあったグラスを用意し、お飲み物を注ぐ量、グラスの持ち方、グラスを置く位置など、注意しなければいけない点がたくさんあります。

厳しい教官が常に目を光らせているからかもしれませんが、緊張のあまり泣き出してしまう訓練生もいるほどです。

お飲み物を提供するという単純な動作ですが、実はスマートに、自然に、美しくお出しすることは意外と難しいものなのです。

しかし、多くの訓練生が誤解していることがあります。
それは、動作をゆっくりすれば丁寧で美しい所作に見えるということです。
実は、これは思い込みにすぎません。

確かに、ゆっくりとした所作は、丁寧に見え、美しさがあります。
しかし**実際は、ゆっくりとした「静」の動きの中に、「動」を感じる動きがあって初めて美しい所作が生まれる**のです。

例えば、お客様にお飲み物をお出しするような場合、グラスをテーブルに置くときと、グラスを置いて手を引くときのスピードが同じでは、美しい所作にはなりません。
つまり、ものをお出しするときは気持ちやや早く、お出しした後に手を引くときは出したときよりもややゆっくりとしたスピードで行う。

これが、美しい所作に見える重要なポイントです。

サッとお出しし、サッと手を引いてしまうと、落ち着きのないがさつな印象になってしまいますし、どちらもゆっくりだと、ただののろまになってしまいます。

この「動」と「静」のバランスが、キレがありながらも丁寧で洗練された美しい所作を生み出すのです。

美しい所作は、やり方を頭で理解すればすぐにできるものでもなければ、簡単に身につくものでもありません。

仮に身についたとしても、常に意識していなければゼロになってしまいます。

日々のほんの少しの意識の積み重ねが、将来大きな差となって表われるのです。

日頃から「動」と「静」を意識して、所作を見直してみるとよいかもしれませんね。

「心」と「気持ち」が入ると、体の動きは「静」になる

チーフパーサーは、基本的に客室の責任者として、すべてのクラスのお客様に安全で快適な空の旅をお楽しみいただくよう気を配り、お客様の状況を把握します。

サービスは主にファーストクラスを担当しますが、フライト中は全客室を回りながらお客様と会話をしたり、サービスに加わったりします。

ファーストクラスとビジネスクラス、エコノミークラスは、座席数も違うため、客室の環境も雰囲気も大きく異なります。

そして、そこでサービスする乗務員もそれぞれ違う気持ちが働いています。

例えば、エコノミークラスを担当するときは、ひとりで50名ほどのお客様を担当するため、丁寧な中にもスピーディーさが求められます。一人のお客様と話し込んで時間がかかってしまうと、他のお客様をお待たせしてしまうからです。

また、観光やツアーのお客様が多いため、にぎやかで楽しい雰囲気を作ります。

ビジネスクラスを担当するときは、エコノミークラスよりも座席数が少ないので比較的余裕があるように思えますが、実はサービス内容がエコノミークラスよりも充実しているため、サービスに時間がかかります。

お客様もビジネスで渡航される方がほとんどですので、機内で仕事をされたり、時差調整をされたりとビジネスに支障がないような過ごし方をされる方が多く、乗務員はとても気を遣いながらサービスをしています。

では、ファーストクラスはどうでしょうか。

当時、ファーストクラスの総座席数は8席、満席でもお客様は8名です。

他のクラスとは座席数も航空運賃も大きく異なり、空間もサービスするお食事やお飲み物も最高級のものを提供します。

そしてお客様は、国内外のＶＩＰです。政財界や芸能界、スポーツ界などで活躍する著名人から会社経営者まで、日本を代表する顔ぶれのお客様です。

しかし、**客室乗務員にとっては、どんなお客様であれ、サービスするマインドは変わりません**。ファーストクラスのお客様だから丁寧にサービスし、エコノミークラスのお客様にはぞんざいにということはあってはならないのです。

とはいえ、やはり乗務員一人が担当するお客様の数はエコノミークラスが断トツに多いですから、気持ちに余裕がなくなることがあるのも否めません。

そんな中で、早くサービスしなくては……と気持ちが焦ってしまうと、体の動きも早く、雑になってしまいます。

体の動きが「動」になってしまい、落ち着きのない印象を与えてしまうのです。

これでは、お客様には雑に扱われたという印象が残ってしまいます。

「乗務員は忙しそうに目も合わせず、バタバタして落ち着かない」というお叱りコメントがあっても無理はありません。

どんなに急いでいても、忙しくても、相手の気持ちを考え、「心」を添える。そうした意識があれば、丁寧にしようという気持ちが働き、体の動きはゆっくりになります。

これはビジネスシーンでも日常生活でも、どんな状況でも言えることです。

例えば、書類を渡すときや一人でPCに向き合っているときなど、少しでもよいので周りにいる人を意識してみましょう。

ほんの少し気持ちと心を添えるだけで、丁寧にゆっくりと書類を渡す所作になり、キーボードの打ち方も音が立たないように静かな所作になっていきます。

体の動きが「静」になると、丁寧で洗練された印象を残すことができます。

「感じがいい人だなあ」という好印象を残すことができれば、ビジネスにおいては大成功なのです。

大きくゆっくり歩く姿が安心感を与える

人は、言葉遣いや表情、体の使い方など、多かれ少なかれクセを持っています。その中でも特徴がはっきりと表れるのが、**歩くときのクセ**です。

歩くスピードや歩幅の大きさも特徴の一つですが、体を大きく揺らしたり、足を引きずっていたり、ガニ股や内股歩きになっていたりと、さまざまなクセがあります。

腰やひざに負担がかかると不調の原因になってしまいますので、極端な歩き方のクセには注意が必要ですが、クセも一つの個性として捉えると、ときに愛嬌があり、親しみを感じる要素になることもあります。

しかし、歩くときのクセや歩き方がマイナスに影響することもあります。

仕事を終え、夕方に帰宅していたときのことです。静かな住宅街を歩いていたとき、背後から走って近づいてくる人の気配を感じ、怖くなったことがあります。暗くなり始めた頃でもありましたので、余計に恐怖を感じたのかもしれませんが、全速力に近い速度で人が走る様子は普通ではない印象を与えてしまうことがあります。

特に警察官が走っていたら、尋常ではないと察する人が多いのではないでしょうか。

客室乗務員も同様です。

客室乗務員は、緊急事態が発生したとき以外、機内を走ることは許されません。客室乗務員が機内を小走りで通り過ぎると、「何かあったのではないか」とお客様を不安にさせるからです。それではサービス要員としても、保安要員としても失格です。

これは、客室乗務員に限らず、一般の企業でも同じことが言えます。

社長が社内を走り回っていたら、社員は落ち着かないどころか、何か緊急事態が起こったのではないかと不安になるに違いありません。
立場や状況によって、人の歩くスピードは、相手に恐怖や不安を与えてしまうことがあるのです。

歩くスピードだけでなく、歩幅もさまざまな印象を与えます。
歩幅が極端に狭いとあくせくとした動きに見えますし、広すぎても違和感があり、どちらも落ち着いた印象を与えることはできません。**程よい歩幅でゆっくりと歩くと、自信があるように見え、相手に安心感を与えることができるでしょう。**

チーフパーサー時代、お客様のご搭乗が始まり、ドアサイドでファーストクラスのお客様をお出迎えしていたときのことです。
そこでは、お客様がゲートを通過し、ボーディングブリッジと呼ばれる飛行機へとつながっている通路を歩いていらっしゃる姿が見渡せます。

遠くから歩いていらっしゃる姿を見て、「今日のお客様はどんな方かなあ」とか

「ご気分はどうかなあ」などとお客様のご様子を観察するのですが、ある有名なメーカーの社長が歩いてこられるお姿に、目が釘付けになったことを覚えています。

背筋を伸ばし、ゆっくりと歩く所作がとても優雅で、強いオーラを感じたのです。

大企業を取り仕切る社長のオーラはすごいと感動しました。

歩く姿は、遠くからでも相手にインパクトを与える。

そう痛感し、以来自分自身の歩き方を見直すきっかけとなりました。

背筋とひざを伸ばし、胸を張ってゆっくり堂々と歩く。

自信に満ちた歩き方は頼りがいのある印象を与え、相手に安心感を与えます。

その姿は、人の目を引くだけでなく、男女を問わずかっこいいものです。

皆さんも街を歩くとき、ショーウィンドウに少し目をやり、自分の歩き方をチェックしてみてはいかがでしょうか？

話すスピードは「心」の表れ

私が客室訓練部の教官だったときのことです。

教官は客室乗務員から選ばれ、会社から辞令が出て教官として任務につきます。直前まで客室乗務員としてフライトをしていたわけですので、いきなり教官として教壇に立つことはできません。訓練部に配属になると、まず新任教官訓練が始まります。教官になるための訓練を受けるのです。


その中に模擬授業があり、先輩教官の前で授業を行うのですが、私がいつも指摘されていたことがあります。それは、「**早口**」です。

もともと早口ではあったのですが、緊張感と多くの内容を時間内に終わらせないといけないプレッシャーから、ますます早口になっていました。

自分では、人が聞き取れないほどの早口ではないだろうと思っていたのですが、先輩教官からは「早口すぎてまったく聞き取れない」と厳しい指摘を受けました。

また、チーフパーサーに昇格したときに受ける昇格訓練でも同じような指摘を受けました。飛行機のドアが閉まり、出発時のご搭乗御礼のアナウンスと、目的地に到着してお客様をお見送りするときのアナウンスは、チーフパーサーの役割です。

そのアナウンスを訓練していたときのことです。

「アナウンスが早口すぎる。それでは必要な情報がまったく聞き取れないので、もう少しお客様に話しかけるようにゆっくりと話しなさい」という指摘を受けたのです。同じ指摘が繰り返され、さすがに落ち込みましたが、改善を試みる中で、早口になるときはいつも緊張し、自分をよく見せようと思っているときなのだと自覚しました。

自分にベクトルが向いていると、聞き手のことは二の次になってしまいます。

自分が伝えたいことを伝えるだけの一方通行です。

それでは教官として訓練生にきちんと理解させたり、機内アナウンスでお客様に正確な情報を伝えたりすることなど、できるわけがありません。

緊張や自分自身を誇示しようとする姿勢が、話すスピードに表れていたのです。

「早く終わらせたい」「話の途中で突っ込まれるのは嫌だ」など、ネガティブな感情が沸き上がってくると、話すスピードが速くなる。

これは私の悪いクセです。

研修講師として研修や講演に登壇している今でも、人前で話をするときは訓練部で指導してくれた先輩教官の言葉が聞こえてきます。

「ゆっくり、ゆっくり」と自分に言い聞かせ、登壇する毎日です。

また、激しい怒りの感情が話すスピードを速くすることもあります。

特に、感情を収められないほどのときは、早口でまくしたてることが多々あります。

以前、客室乗務員の態度が悪いとお怒りのお客様に謝罪に行ったときも、大変な剣幕で、何を言っているのかわからないくらいの早口で怒鳴られたことがありました。

このように、**話すスピードには、知らず知らずのうちに自分の「心」が表れます。**

それもポジティブな気持ちではなく、どちらかといえばネガティブな気持ちです。

緊張していたり、自分をよく見せよう、大きく見せようとすると、どこか後ろめたい気持ちが早口にさせるのかもしれません。

ビジネスシーンにおいて、そのような気持ちが相手に伝わってしまったら、相手が不審に思うだけでなく、自分も自己嫌悪に陥ってしまいます。

ゆっくりと、かみしめるように、相手が理解できるように話すことを心がけるだけで、自分の昂ぶった気持ちも段々と落ち着いていくはずです。

そしてその気持ちは必ず声のトーンに乗り、相手に伝わります。

相手を尊重し、相手のことを思いやり、ゆっくり話す心がけ一つで、相手との良好な人間関係の第一歩が始まります。

「動」のうなずきを「静」のうなずきに変えて信頼を得る

研修講師として企業研修を行っているときや、大勢の前で講演を行っているとき、受講者の中でたった一人でもうなずきながら聴いてくれている人がいると、励まされているように感じ、勇気をもらうことがあります。

ただうなずきながら話を聴いているだけでも、相手とのコミュニケーションにはとても効果があるのですが、さらに相手に安心感を与えるうなずきがあります。

それは、私が客室乗務員として転機を迎えることになったパーサーに昇格したときに、大先輩であるチーフパーサーから教えていただいたことです。

当時の役職は、客室の責任者がチーフパーサーで、チーフパーサーを補佐する役割がパーサーと呼ばれる役職でした。

その下にはアシスタントパーサー、スチュワーデスという名称の役職がありました。

現在では、役職の名称が変わってしまいましたが、業務の内容はほぼ変わりません。

パーサーはチーフパーサーの補佐ですが、ビジネスクラスとエコノミークラスを総括する役割です。両クラスの状況を把握しなければいけませんので、責任は重大です。

客室を巡回し、お客様に快適にお過ごしいただけているかを常にチェックします。

私がパーサーに昇格して1年目、ビジネスクラスのお客様と話をしていたときのことです。お話好きのお客様でしたので、腰を落としてお客様の足元にしゃがんでお話を伺っていました。

その様子を見ていたチーフパーサーが、助言してくださったのです。

それは、お客様の座席近くでしゃがみこんであまり長く話し込むことは好ましくないということと、**うなずく際には、お客様が話すペースに合わせて、少しゆっくりとうなずいたほうがよい**という内容でした。

お客様の足元にしゃがんで話をすることは、通路をふさいでしまうので好ましくないことは理解できたのですが、うなずき方を指摘されたのは初めてのことでした。

正直、「随分と細かいことを言うなあ」と思いましたが、今となってはとても貴重なアドバイスで、美しい所作を考える上で基本となる考え方を教わったと思っています。

なぜなら、うなずきは相手の話すペースに合わせ、話の要所のタイミングに合わせることで、話し手に安心感を与えるからです。

それに加えて、**うなずきの首の動きが重要**です。

うんうん、うんうんと小さく早くうなずいてしまうと、話を適当に聞いているような感じを与えたり、話し手がせかされたような気持ちになったりするものです。

ぺこぺこと、首の動きが大きく速いうなずきは、ノンバーバルコミュニケーションとしては逆効果になることがあります。

うなずくときは、相手に目線を合わせながら、ゆっくりと首を上下に動かし、相手に同意していることを示します。**首を動かすときは、あくまでもゆっくりと、「動」ではなく「静」のうなずきを心掛けましょう。**

ほんの少し意識して動きをゆっくりにするだけで、驚くほど所作は優雅に見えます。

人が気にしないような所作であっても、極めるのが接客のプロです。体の細部にまで注意を払い、小さな意識を積み重ねることで洗練された所作が身につきます。

接客業に限らず、ちょっとした所作の丁寧さがその人の品性を表し、それが信頼感を生み出します。

日常的に行っている「うなずき」も、ほんの少し首の動きを「静」に変えるだけで、所作が優雅になり、それが自信となって、ビジネスライフも充実していくでしょう。

本物の「目力」を身につける

私がヨーロッパ便で、ファーストクラスを担当していたときのことです。

チーフパーサーは、すべてのお客様がご搭乗を終えるとご挨拶に伺います。

ヨーロッパ便は12時間以上ご一緒するロングフライトですので、少しでもごゆっくりおくつろぎいただけるよう、最初のご挨拶ではご要望などをできる限りお伺いするのですが、とても気になったお客様がいらっしゃいました。

口数が少なく、感情をあまり顔に出さないちょっと気難しそうな印象の方だったのですが、私が自己紹介し、ご搭乗の御礼とフライト時間などを簡単にお知らせしたとき、他のお客様とは明らかに違う反応をなさいました。

私が話しかけても、まったく目を合わせようとされないのです。

出発前の短い時間でしたので、気にはなりましたが少し様子を見ることにしました。

離陸してサービスが始まり、お飲み物やお食事のチョイスを伺うときも、やはり一切目が合いません。「何かお気に召さないことでもあったのか?」と様子を探っても、そのような気配もありません。

必要なこと以外はお話しにならないため、こちらからも必要以上に話しかけることを避け、とにかくお客様の様子を細かく観察し、サービスにあたっていました。

しかし、結局このお客様は飛行機をお降りになるまで、乗務員とは誰とも目を合わせずお過ごしになったのです。

仕事柄、いろいろなお客様にお会いしますが、フライト中に一切目を合わせないお客様は初めてで、どのように接すればよいのか正直困惑しました。

ただシャイなだけなのか、何か不満があったのか、ただのクセなのか、最後まで理由はわからずじまいでしたが、後味がよいものではありませんでした。

このときは、ヨーロッパに到着するまでの時間を共有するだけの間柄でしたが、人間関係において、理由なく不必要に相手に気を遣わせていては、良好な関係性を築くことはできません。

本人に悪気はなくても、相手が拒否されていると感じてしまうような振る舞いは、信頼されるどころか、嫌悪感さえ与えてしまうことになりかねません。

人と接するときにはきちんと相手の目を見て応対する。

当たり前ですが、その当たり前がいかに大切かを改めて痛感した出来事でした。

このように、人と話をするときに相手と目を合わせないということは、理由がどうであれ相手に不信感を抱かせます。

第一印象の項でも述べましたが、アイコンタクトは、人間関係を良好にするためには不可欠なノンバーバルコミュニケーションの一つです。

人間関係において、相手とコミュニケーションを取るときの最初の接点となるアイコンタクトがうまく取れない人は、これから始まろうとしている人間関係の最初の接点を失っていることになります。

まして、**一切アイコンタクトをしないというのは、最初から人間関係にヒビを入れるようなもの**だと言えるでしょう。

信頼はアイコンタクトで決まると言っても過言ではありません。

目の前にいる人を尊重し、思いやりを持って接する気持ちがあれば、おのずとアイコンタクトは多くなるものです。

相手と信頼関係を築きたいのであれば、本当の意味での「目力」をつけることが、一番の近道なのかもしれません。

ものの指し示しは、「静かな動き」と「目線」がセットで成立する

日常生活において、ものを指し示すことは意外と多いものです。ものを指し示すときの所作は、客室乗務員の訓練でも一般的なビジネスマナーの研修でも取り上げられています。

お辞儀同様、日常的に頻繁に行う所作だからです。だからこそ、落ち着いた雰囲気で優雅に行うことができれば、相手に堂々とした自信を感じさせ、信頼感が増していくでしょう。

ものや方向を指し示すときの所作の基本は、次のとおりです。

・指を伸ばし、揃える

・手のひらを相手に向ける

・遠く・近くを指すときは腕の伸び縮みで遠近感を出す

難しくはない所作ですが、慣れていないとなかなかスムーズな動きができません。

例えば、商談時に相手に渡した書類を示しながら説明するような場合、人差し指で指し示す人が多いのではないでしょうか。

ペンを使って書類を示す人も多いのですが、先の尖ったペン先を相手に向けるというのも避けたほうが無難な所作です。

場所を案内するときにも、人差し指でものや方向を指し示す人がいらっしゃいます。所作に正解不正解はありませんが、人差し指1本でものや方向を指し示すと、「人を刺す」という意味から、人によっては不快感を抱くので、注意が必要です。

今までも繰り返し申し上げてきましたが、動きの基本は「ゆっくり」です。動きをゆっくりにするだけで、見違えるほど所作は洗練されます。

ものを指し示すときの腕と手の動きも同じです。

忙しなく腕を動かすと、相手も忙しなく感じ、目ざわりになってしまいます。

また、相手との間の空間を独り占めしない、相手に気を遣わせないことが基本です。


そして、**手にあわせて必ず添えなければいけないのが、「目線」です。**

客室乗務員の業務の中でも、ものを指し示すことはとても多いのですが、そのときも、指を揃え、ご案内する方向を指し示すとともに大切なのが、「目線」配りです。

お客様と目線を合わせることに加え、指し示している方向に目線を配ることがポイントです。

これを、**「目→もの→目」の目線配り**といいます。


例えば、客室で化粧室をご案内するような場合、まずはお客様の目を見て、化粧室の方向を指し示しながら化粧室の方向を見ます。

そして最後にまたお客様の目を見てご案内を終えるという流れです。

これは、商談で書類を示しながら説明するような場合も同様です。

相手の目を見て、書類に目を落とし、最後にまた相手の目に戻るのです。

ここまで心を配ることができると、すべての所作が自然と丁寧になり、それだけで「この人はどこか違う」と思わせるオーラが出てきます。


ポイントは、静かな動きと目線合わせです。

この二つがセットになると、最強の所作になります。

高度な技ですが、身につけることができれば、一目置かれる存在になることができるでしょう。

手の動きは意外と相手の気持ちを揺さぶるもの

私は研修講師であると同時に、研修会社も経営しています。

経営者の仲間内で情報交換と親交を深めるために定期的に会合に参加しているのですが、仲間の中に、話が盛り上がりテンションが上がってくると、ジェスチャーがやたらと大きくなる人がいるのです。

隣に座ると、手が顔にあたりそうになることがたびたびあり、怖くなるくらい大きな身振り手振りを交えて話します。

彼の話は面白く、いつも明るくムードメーカーな経営者なのですが、やたらと大きな身振りに加えて大声で話すので、周囲からたしなめられることもあるほどです。

明るく快活でおおらかな人は経営者に多いタイプですが、このようにあまりにも大きな身振り手振りで話すと、聞き手は話に集中できなくなるものです。
さらに、落ち着きがなく稚拙なイメージを与えることもあります。

実は、私もどちらかというと、話すときに身振り手振りが出てしまうタイプなのですが、相手の反応にハッとした経験があります。
それは、私が友人と話をしているときのことです。

お互いの推しのアーティストの話をしているとき、我を忘れて夢中になり、身振り手振りを交えて話に熱中していました。
そして、ふと気づくと、友人の視線が私の手に集中していたのです。

目の前で相手の手がひらひらと忙しなく動いていると、落ち着かなくなるのも無理はありません。その友人の呆れたような顔を見て、恥ずかしくなったのと同時に、あまりにも**オーバーな身振り手振りは、相手に違和感を与える**のだと痛感しました。

一方で、相手の手の動きに魅了されることもあります。

航空会社時代、私が目標にしていた憧れの先輩がいました。

とびっきりの美人というわけではないのですが、立ち居振る舞いがとても美しく、洗練された大人の女性という感じで、彼女に憧れる後輩も多い素敵な先輩でした。

フライトでも、その先輩が客室に出ると、客室の雰囲気がパッと明るくなるような華やかさがあるのです。その先輩が担当しているお客様も、彼女と話すときは心なしか嬉しそうな様子に見えました。

そんな素敵な先輩なのですが、私が一番衝撃を受けたのが、手の所作でした。

女性でも見惚れてしまうほど色っぽい仕草なのです。

食事をしているときのフォークとナイフを持つ手、ワイングラスを持つ手、また、話をしているときの手の動かし方も、適度な動きの中にもしなやかで女性らしい柔らかさを感じる所作なのです。

女性の所作の美しさで衝撃を受けたのは、後にも先にもその先輩だけでした。

以来、立ち居振る舞いや所作を盗み見し、すべてを真似しようと研究したほどです。

特に、**手は意外と相手の目に留まるパーツであり、良くも悪くも手の動きは思った以上に相手にインパクトを与えます**。

動きによって、威圧的にも魅力的にも映るパーツなのです。

手にも表現力があるのだと考えさせられた出来事でした。

手は年齢が如実に出るパーツです。

手のお手入れにも気を遣わなければいけませんが、年を重ねると人生の深みが増していくのと同じように、手の表現力を豊かにしていきたいものです。

手の動き一つで相手の気持ちを揺さぶることができるのであれば、それはとても素敵なことなのかもしれません。

末端の小さな動きが信頼を損なう

航空会社を退職後、保険会社で保険営業に携わっていたときのことです。

同僚の一人に、貧乏ゆすりがクセになっている人がいました。

本人は気がついていないのかもしれませんが、入社してすぐに行われる研修でも、商談のロールプレイを行うときでも、貧乏ゆすりが始まるのです。

最初は緊張しているからかなあと思ったのですが、食事中や同僚たちと歓談し、リラックスしているときも、気がつくと貧乏ゆすりが始まります。

自覚がないにせよ、貧乏ゆすりが続くと気になって話に集中できなくなるものです。

ネーミングからしてよいイメージはありませんが、実際に目の前で貧乏ゆすりをされると、なんだか落ち着かない人だなあという印象を抱いてしまいます。

「お客様の前で貧乏ゆすりはマズいだろう」と心配した心優しい仲間たちが本人に忠告したのですが、体に染みついたクセは簡単には直りません。結局完全に直るところまでには至らず、途中で断念したことを思い出します。

貧乏ゆすりは、ときに致命傷になるくらいダメージの大きいクセです。些細なクセかもしれませんが、貧乏ゆすりを少しでも気にするお客様がいるのであれば、改善するのがプロの営業パーソンです。

また、その人には貧乏ゆすりだけでなく、研修中や誰かと話しているようなときに、持っているペンを手の甲でクルクルと回すクセがありました。

これも、気になる人は気になるものです。

本人は無意識にやっているのでしょう。

悪気もなく、クルクルと器用にペンを回し続けています。
私にはできない技？　ですので、その点においてはすごいなあと思うこともあるのですが、真面目な商談の場ではふざけた態度として映ってしまいます。

さらに、それだけでなく、そのペンでお客様に提示した提案書の重要箇所を指しながら説明するのです。前項でもお伝えしましたが、ものを指し示すときにペン先を相手に向けることとは、丁寧な所作からは外れた行為です。

商談において、貧乏ゆすりをしたり、ペンをクルクル回しながら話をしたりすることは、**相手にどう見られているかの自覚の問題**です。
本人は悪気なく、むしろ真剣に商談に臨んでいるのでしょうが、相手には礼儀に欠ける態度に映ってしまうでしょう。
こうした所作は、トップクラスの営業パーソンは絶対にやらないことです。

別のケースですが、私がお客様として訪れたお店で、接客中に髪の毛先をずっと触っている髪の長い女性スタッフがいました。

プライベートでは女性らしいかわいい仕草に映るのかもしれませんが、常に毛先を気にして、クルクル丸めたり解いたりを繰り返しているのです。

髪を整えることは悪いことではありませんが、長い髪をまとめることなく、常に髪を気にしている様子は、見ていて気持ちのよいものではありません。

このような**ちょっとした体の末端の動きが、相手によっては不快感を与える場合があります**。そして、不快だと思った人に好感を持つことは難しいものです。


信頼は好感から始まります。

相手に好感を持たれなければ、信頼されることはまずありません。

体の末端の動作は、本人にとっては些細なことでも、相手によっては気になるものです。

ほんのわずかな違いですが、信頼を損なう代償は意外と大きいことを覚えておきましょう。

おわりに

私がチーフパーサーとして乗務していたとき、12名の部下がいました。

その中に、とても美人で華やかな雰囲気のある部下がいました。

客室ではとても目を引く存在なのですが、どういうわけかお客様の評判がよくありません。

手を抜いているわけでもなく、決して仕事ができないわけではないのですが、お客様からお叱りのコメントを頂戴します。

「彼女は、なぜこんなにもお客様の評判が悪いのだろう?」と不思議に思い、彼女をよく観察するようになりました。

すると、見えてきたものがあるのです。

それは、感情がダイレクトに顔に出ることでした。機嫌がよいときはにこやかで感じがよいのですが、忙しかったり、少しでも嫌だと思ったことがあると、その感情が手に取るようにわかるのです。

これではお客様が不快に思うのも無理はありません。お客様だけでなく、同じフライトをする仲間も彼女の機嫌を窺うようになっていきました。

彼女は、言葉遣いや振る舞いは丁寧で素晴らしいのですが、非言語コミュニケーションスキルが低かったのです。

後輩は彼女を怖がり、周りは腫物を触るかのように接するようになりました。そうなると、信頼するどころではありません。

人に意地悪をするわけではなく、性格が悪いわけでもないのですが、仲間との人間関係も徐々に壊れていきました。

彼女がどれだけ正しいことを言っても、日頃の態度から信頼されるには至らなかったのです。

端的に言うと、周りから好かれていなかったということです。


一方で、フライトではちょっとしたミスが多く、業務的には仲間に迷惑をかけている部下がいたのですが、みんなに慕われ、お食事のご希望が叶わずご立腹のお客様も笑顔にしてしまうような天真爛漫な部下もいました。

彼女は人が嫌がるようなことも、嫌な顔一つせずニコニコとすすんで行い、私が一番頼りにしていた部下です。


この二人の決定的に違うところは、性格や人柄ではなく、人に対する接し方です。

それが相手に「好き」と思われるのか、「嫌い」と思われるのかの大きな違いになっていたのです。

人は好きでない人に信頼をおくことはありません。

信頼するどころか、心を開くこともありません。

そして、一度嫌いと思った相手を信頼するのは容易ではないということは、想像に難くないでしょう。


言語、非言語を問わず、コミュニケーション力は、信頼の第一歩になります。

相手を信頼し、相手からも信頼されるという信頼関係ができていれば、その場にはポジティブでよい気が生まれます。

そんなよい環境であれば、多少嫌なことがあったとしても乗り越えることができるのです。


人から信頼されるということは、今あなたが置かれているビジネスシーンを豊かにしてくれる要素の一つです。

働く時間は、人生の時間の中で大きなウエイトを占めますから、周囲の人とどういう関係性を築いているかによって、人生は大きく変わると言えるでしょう。

そしてその信頼関係を築くのは、決して難しいことではなく、当たり前のことを真摯に積み重ねていくことで得られるのです。


コロナ禍以降、社会は大きく変化しました。

働き方や価値観が多様化し、今までの常識が通用しない時代です。

しかし、人と対面する手段がオンラインになったとしても、画面の向こうには必ず生身の人が存在します。


人と人とのつながりは、どんなに時代が変化しても途切れることはありません。

そのつながりが互いの信頼関係で成り立っていけば、世の中はもっと明るく、誰もが幸せを感じる社会になると確信しています。


この本が、一人でも多くの皆さまに勇気を与え、働く楽しみを見つける一助になれば幸いに思います。

この度の刊行では、星の数ほどいる著者の中からＷＥＢを通じて私を見出してくださいました。

ご担当いただいた株式会社日本能率協会マネジメントセンターの加藤実紗子さんからは、プロの編集者の視点をはじめ、多くのことを学ばせていただきました。心より感謝申し上げます。

最後までお読みいただきまして誠にありがとうございました。

株式会社ＣＣＩ　代表取締役　山本洋子

２０２４年11月

山本洋子（やまもと　ようこ）

株式会社CCI代表取締役
人財育成コンサルタント　キャリアコンサルタント
元JAL国際線チーフパーサー　客室マネージャー

奈良県生駒市出身
1985年JAL入社。25年間在籍する。チーフパーサーとしてファーストクラスを担当。

天皇陛下や海部元首相特別便乗務に選抜される経歴を持つ。各界の著名人をはじめとした国内外のVIPに接してきた。

その間、客室訓練部にて教官として約1000人のCAを育成し、CA採用面接官も務める。

管理職客室マネージャー昇格後は、CA評価制度を策定、マニュアル改定等査察官としてサービス品質を向上させた。

退職後は外資系保険会社で7年間コンサルティング営業に従事。航空会社と保険会社で培ったおもてなし力とリーダーシップ力、コミュニケーション力を武器に2018年株式会社CCIを設立。

現在は企業研修や講演で全国を飛び回る。

著書『どんなクレーム、ストレス、理不尽にも負けない一流のメンタル100の習慣』（朝日新聞出版）。

「ファーストクラスに乗る人の共通点」ダイヤモンドオンライン連載中。

なぜあの人は初対面で信頼されるのか

元JAL国際線チーフパーサーだけが知っている、人の心をつかむ極意

初版第1刷発行日　2024年　12月　10日

著　者　山本洋子

発行者　張 士洛
発行所　日本能率協会マネジメントセンター
〒103-6009　東京都中央区日本橋2-7-1　東京日本橋タワー
TEL 03(6362)4339(編集)／03(6362)4558(販売)
FAX　03-3272-8127(編集·販売)
https://www.jmam.co.jp/

装丁·本文デザイン　山之口正和＋永井里実(OKIKATA)
本文DTP　TYPEFACE
印刷所　シナノ書籍印刷株式会社
製本所　株式会社三森製本所

ISBN:978-4-8005-9285-9　C2034
落丁·乱丁はおとりかえします。
PRINTED IN JAPAN